财政贴息经济分析

——以西藏为例

西绕甲措　著

中国金融出版社

责任编辑：刘红卫
责任校对：潘　洁
责任印制：丁淮宾

图书在版编目（CIP）数据

财政贴息经济分析：以西藏为例/西绕甲措著．—北京：中国金融出版社，2023.4
ISBN 978 - 7 - 5220 - 1994 - 9

Ⅰ.①财…　Ⅱ.①西…　Ⅲ.①财政补贴—财政政策—研究—西藏
Ⅳ.①F812.45

中国国家版本馆 CIP 数据核字（2023）第 078945 号

财政贴息经济分析——以西藏为例
CAIZHENG TIEXI JINGJI FENXI：YI XIZANG WEILI

出版
发行　中国金融出版社
社址　北京市丰台区益泽路 2 号
市场开发部　（010）66024766，63805472，63439533（传真）
网 上 书 店　www. cfph. cn
　　　　　　（010）66024766，63372837（传真）
读者服务部　（010）66070833，62568380
邮编　100071
经销　新华书店
印刷　河北松源印刷有限公司
尺寸　169 毫米 ×239 毫米
印张　12.75
字数　168 千
版次　2023 年 4 月第 1 版
印次　2023 年 4 月第 1 次印刷
定价　45.00 元
ISBN 978 - 7 - 5220 - 1994 - 9
如出现印装错误本社负责调换　联系电话（010）63263947

序　一

　　作为一名关心我国发展的经济学家，我多年关心宏观经济政策在促进欠发达地区经济增长和社会福利改善方面的作用。这本书就此课题对西藏进行了深入研究。作者是一位有着丰富实践经验和扎实学术能力的青年经济学者，他提出了西藏具有独特的要素禀赋和经济社会结构，并在此基础上详细研究了财政贴息政策在西藏地区的实践情况，深入分析了财政贴息政策在地区经济增长和社会福利方面的动态影响，得出了"因势利导、相机抉择"的最优决策原则等一系列具有实用价值和参考意义的结论，是新结构经济学思想在西藏宏观经济研究领域的最新应用成果。本书不仅作出了学术贡献，也给政府决策者和市场从业者了解财政贴息政策的作用提供了参考。

林毅夫

北京大学新结构经济学研究院院长

国家发展研究院名誉院长

2023 年 2 月

序　　二

　　财政贴息是财政补贴的一种特殊形式，在我国被广泛使用。对这样一个在我国经济金融领域普遍存在的经济现象，学术界给予的重视还显不足。现在，我很高兴地看到年轻的经济学者西绕甲措选择财政贴息这个课题进行了卓有成效的研究，并出版了这本新书《财政贴息经济分析——以西藏为例》。

　　财政贴息通过干预资金价格的市场机制，激励理性市场主体利用信贷资源实现产业发展和结构升级的积极性，对西藏等尚处在禀赋条件不成熟、区域结构刚性存在的区域经济发展起到了重要撬动作用。同时，随着发展水平和经济结构动态变化，财政贴息面临补贴资金负担不断加重，对市场机制干预所导致的资金价格扭曲越发明显，加之市场从业者在政策执行过程中存在对政策精神理解不到位，执行偏差等一系列问题，客观上导致了信贷资源误配、精英捕获、边际收益下降等一系列问题。

　　2022 年，党中央、国务院提出要加快建设全国统一大市场，强调要打造包括资本在内的统一的要素和资源市场。站在新的历史节点上，有必要对财政贴息政策实践进行系统客观的研究、总结以及展望。这样不仅可以弥补学术界关于财政贴息系统性研究的空白，既有助于支撑深化我国财政贴息政策改革决策，还有助于畅通国内大循环，加快全国统一大市场建设。

　　本书选择以西藏为切入点，全面、系统、深入考察了财政贴息这一特定的经济行为及现象，充分考虑西藏"三重二元"经济社会结构特征，提出最优财政贴息路径分析，即由财政贴息推动的发展本身就是推动政策动态调整的根本性内生因素，财政贴息需要根据发展水平变化动态地调整成本与收益最优的政策。本书在研究对象、研究理论、研究方法方面均有所创新。研究对象方面，本书以西藏为典型样本代表，综合运用多学科交叉领域研究方法，系统全面地分析财政贴息对宏观经济影响的作用机理，通过聚焦西藏实践、抽象一般意义，以窥理论全貌，填补了学术界相关空白。研究理论方面，为构建符合西藏经济发展实际的实证模型，作者创新性地提出西藏"三重二元"经济结构理论，并就该理论的内涵和外延进行了充分的阐述，形成了逻辑自洽的理论体系，较好地解释了西藏经济发展的实际情况，为构建财政贴息 DSGE 模型乃至研究西藏宏观经济问题奠定了基础。研究方法方面，财政和金融与经济之间的互动关系有很多研究，因为财政和金融深化与经济发展之间的关系互为因果，有严重的内生性问题，是学术界很难突破的地方，作者运用国际上较为先进和流行的宏观经济研究方法——异质性 DSGE 模型，试图在西藏财政贴息政策这一典型样本框架下，通过结构化模型去探究这一问题。同时，作者还将西藏独有的"三重二元"经济结构通过柯布—道格拉斯生产函数引入异质性 DSGE 分析框架，对 DSGE 模型应用范畴也有所拓展。

财政贴息是涉及多学科交叉的一个特殊经济现象，特别是西藏财政贴息研究，既涉及财政学、金融学，还涉及民族学及藏学等多学科领域，研究西藏财政贴息，亟须建立一个符合西藏实际的宏观经济分析框架。就客观条件而言，目前，构建西藏宏观经济研究范式还存在许多空白点和疑难点，许多领域还无人涉足，尤其是将西藏经济发展纳入以新古典主义为代表的现代宏观经济学研究主流范式还鲜有涉及，这都是未来西藏经济学科发展无法回避的问题。我相信，读者会从本书的字里行间看到作者探索前进的足迹。

徐　高

中银国际证券首席经济学家

北京大学国家发展研究院兼职教授

2023 年 2 月

自　　序

　　西藏自古是中国的一部分，藏族是中华民族大家庭的重要成员，西藏和祖国内地以及其他兄弟民族地区经济上相互依存，财政上密切关联，金融上交融贯通，与全国各族人民一道共同创造了我国高速发展的奇迹。党的十八大以来，以习近平同志为核心的党中央高度关心西藏工作，2020 年 8 月召开的中央第七次西藏工作座谈会明确提出"所有发展都要赋予民族团结进步的意义，都要赋予维护统一、反对分裂的意义，都要赋予改善民生、凝聚人心的意义，都要有利于提升各族群众获得感、幸福感、安全感"。"三个赋予、一个有利于"的要求，为西藏优化发展格局、完善要素配置、提高政策效率、推动新时代西藏经济社会高质量发展提供了根本遵循。

　　西藏地方经济的发展和中央各项政策方针紧密相关，与内地兄弟省份的发展密不可分，是多元一体的中华民族波澜壮阔经济发展和改革开放史的一个缩影。1978 年 12 月党的十一届三中全会召开后，西藏也同内地一道开始进行经济体制改革，在随后 40 多年的改革开放过程中，中央先后召开了七次西藏工作座谈会，赋予了西藏一系列特殊优惠政策。其中，财政贴息是中央赋予西藏的一项重要特殊优惠经济政策，这项政策从 1994 年中央第三次西藏工作座谈会提出，到"九五"时期基本成形，再到 2010 年第五次西藏工作座谈会逐步成熟，为西藏经济跨越式发展提供了有力的信贷支撑，同时也为财政贴息理论与政策研究提供了绝佳的样本。

系统地研究财政贴息政策及其实践，不仅可以弥补学术界关于财政贴息理论研究的空白，支撑深化我国财政贴息政策改革决策，还有助于检验地方金融机构是否很好地利用了国家财政资金，为下一步提高政策效率，更好地为西藏实体经济发展服务提供决策依据。

西藏地方经济发展因自然环境、宗教文化、历史惯性等因素影响，呈现出诸多区域性特点，具有既统一又多样的结构特征。目前，国内经济学界和藏学界对西藏地方经济发展的研究并不均衡，研究方法与国内外主流宏观经济学接轨、案例运用符合西藏实际情况等方面还有较大空间。在本书立题之初，我就意识到撰写一本内容全面、逻辑自洽、方法规范的高水平财政贴息专著面临巨大困难，创立新的西藏宏观经济研究范式更是道路漫漫，但是我们不可能无限期地等下去，不忘初心迎难而上是唯一的选择。

《财政贴息经济分析——以西藏为例》一书除了 8 章的主体成果之外，还包括正式公开发表的《金融支持西藏供给侧结构性改革研究》《财政贴息政策一定有效吗》《财政转移支付与西藏经济发展实证研究》《西藏民营企业融资问题研究》等学术论文多篇。其中《西藏"三重二元"经济结构研究》获得西藏自治区首届博士论坛一等奖。在系统全面地研究西藏贴息政策的同时，本书也积极探索了西藏宏观经济研究范式问题，总结西藏宏观经济理论研究的优劣局限，创新性地提出三位一体的"三重二元"西藏宏观经济研究理论，为进一步开展民族地区经济发展研究特别是西藏宏观经济规范研究奠定了坚实的基础。此外，本书也首次对西藏古代借贷关系演变和古代金融史进行了研究和探索，形成了《西藏古代金融通史》（初稿）等一系列阶段性成果。尽管由于主客观方面原因使得本书完成的时间有所延迟，但是笔者仍坚持高水平的要求和初心，并在极其困难的时刻，把握西藏财政贴息政策新动态，将财政贴息这一论文核心考察现象放入三位一体的"三重二元"异质性 DSGE 研究范式，既较好地拟合了西藏经济发展现实，也增加了研究的难度，却收获了诸多创新性成果。另外值得说明的是，本书所有资料和数据均来自公开已发表数据，其中主要来自 Wind 和国家统计局等公开资料。

本书是笔者对多年金融系统学习工作期间思考、钻研的总结和梳理。尽管本人付出了巨大的努力，但是书中不完善的地方依然存在。现在，在本书即将付梓出版之际，笔者感到还有很多问题有待进一步深化和解决。而当代西藏经济改革开放仍在持续发展，西藏经济研究也在不断深入。将本研究对象具有现实意义、研究理论和方法创新性较强、集西藏地方经济规范研究特别是财政贴息政策研究之长处的著作摆在读者和研究人员面前，笔者衷心期待大家的批评指正，以便我修改完善，并更好地嘉慧学界，服务读者。

"人生何处不青山，风物长宜放眼量"。以此自勉，是为序。

西绕甲措

2023 年 2 月

目录

1 绪论

1.1 问题的提出

在我国，财政贴息是中央和各级地方政府运用资金价格补贴的形式，针对某一特定区域和领域常用的一种财政补贴手段，常见的形式有易地扶贫搬迁贷款贴息、公积金贷款贴息、创业贷款贴息、"老少边穷"地区综合开发贴息、进出口贷款贴息等。仅 2016 年和 2017 年两年，国家易地扶贫搬迁贷款一项贴息资金就高达 2000 亿～3500 亿元[①]。西藏以财政贴息为核心的特殊优惠金融政策实践已有 20 余年[②]，大量财政贴息贷款的发放对促进经济增长、产业发展特别是农民增收总体上起到了积极作用。但同时我们也看到随着我国经济不断改革发展，由于实行贴息贷款客观上导致信贷市场上出现各种问题和现象。最直接的观察是长期以来的贴息政策使经济主体具有享有政府补贴、对利率不敏感、具有"资金饥渴"和"投资饥渴症"（陈志勇、陈思霞，2014）等特征；并由于套利空间的存在而产生了一大块租金市场，不少企业和银行在利用优惠的信贷资金空转套利，诱使各市场主体大规模寻租，周业安（1999）据历史数据估计，仅 1992 年至 1997 年这 6 年就大约有 2500亿元享受贴息贷款资金直接流向非生产性活动，造成资源配置效率严重

---

① 国家发展和改革委员会《"十三五"时期易地扶贫搬迁工作政策指引》第 7 期。
② 系统和全面的财政贴息政策要从三次西藏工作会议后（1994 年）算起。之前也有免息、低息等优惠贷款形式，但均缺乏系统性和连续性。

低下。张杰（1998）的一项研究也表明，1985—1996 年政府给予国有企业的金融补贴占 GDP 比重平均达 9.7%，1993 年曾经一度高达 18.81%。政府财政对各借贷主体的巨额贷款贴息虽然显著地改善了借贷主体的财务收支情况，但并没有从根本上提高各借款部门的生产效率，大量廉价贷款的获取反而使政策执行过程中出现了严重的道德风险和逆向选择问题，实体经济的风险开始向金融领域转移，并在国有银行内部形成巨额不良资产（卢文鹏，2002）。其后果是地区经济发展出现了这样一幅景象，地方官员的升迁竞争主要表现为地方政绩竞争，地方政绩竞争主要表现为经济增长竞争，经济增长竞争主要表现为投资竞争，投资竞争主要表现为金融资源竞争，由此，金融沦为"第二财政"（周立，2009）。金融的"财政化"进一步推动了信贷规模的"高增长"，但也加剧了资源配置的"低效率"，并掩盖了金融风险的快速累积。

以经济学的视角来看，在西藏尤其是广大农牧区设立金融机构网点是不经济的，因此在纯市场化条件下金融机构鲜有意愿在西藏广大农牧区设立基层网点，导致西藏"三农"领域的"农业缺投入、农村缺资金、农民难融资"金融困境没有得到根本解决。但是，服务西藏广大农牧民、促进农牧区发展是国家总体战略的一部分，其重要意义远不能用经济上的投入产出来计算。众所周知，以财政贴息为核心的西藏金融政策实施以来，为西藏经济社会的跨越式发展发挥了不可替代的作用，在财政贴息政策的撬动下，西藏各经济主体的贷款可得性不断提升，仅 2016 年末西藏户籍人口人均银行业金融机构贷款余额就达到 95000 元左右，是 1994 年末的 55 倍左右，位居全国 31 个省（自治区、直辖市）样本中前列（见图 1 - 1）。

但同时我们也注意到，随着西藏经济社会的快速发展，经济结构和市场化条件已经发生了巨大的变化。国家从"九五"时期开始赋予西藏特殊优惠的金融政策，其核心是由中央财政对区内各项贷款予以贴

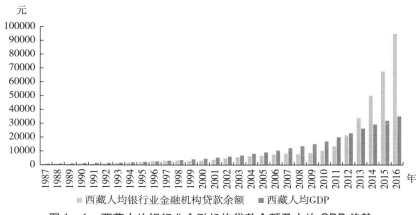

图1-1 西藏人均银行业金融机构贷款余额及人均GDP趋势

（资料来源：Wind①）

息。西藏财政贴息贷款实行20多年来取得了丰富的实践经验。一方面，通过发放贴息贷款、执行优惠利率实现了让利于民、让利于社会、培养金融意识、促进了西藏金融业快速发展，在引导信贷资金向农牧区基层倾斜方面取得了一定的成果。另一方面我们也看到，利差补贴的实行在促进西藏的贷款规模飞速增长的同时并没有从根本上改善西藏的产业结构和提高全要素生产率，长期来看，财政贴息对于促进西藏产业发展内生动力和普惠金融的引导作用有限，西藏人均GDP增长速度一直低于人均信贷增长速度。2016年末，西藏人均GDP为35000元左右，仅为人均信贷存量的36%左右，处于全国倒数水平（见图1-1）。

反观西藏以银行业为代表的金融业却由于享受国家财政贴息政策进入快速发展阶段。在财政贴息资金的引导驱使下，西藏金融机构不断增多，传统国有各大银行和新兴的股份制银行也纷纷在西藏新设网点。自治区也相继自行组建各类地方法人机构：西藏银行、信托投资公司、证

---

① 本书所有数据均来自Wind公开数据库及国家统计局官方数据库等公开资料，为表述简洁后文数据来源不再重复标注，若非特殊注明图表数据均来自Wind，特此说明。

券公司、金融租赁公司、保险公司等，并通过地方国有企业、产业投资基金、PPP 项目等投融资平台利用中央优惠金融政策背书，力图最大限度地动员信贷资金用于政府性投资支出。一个区域经济主体如此长时间、大规模、高强度的财政贴息贷款实践在国内实属罕见，在世界经济历史上也不多见。仅 2005—2017 年，西藏金融业资产规模和金融业增加值增长近 14 倍，金融业从业人员增长近 1 倍，实现了自身资产规模、盈利水平以及从业人员的迅速膨胀（见图 1-2）。

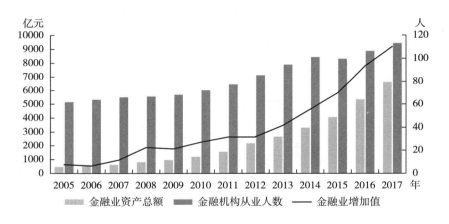

图 1-2　西藏金融业资产规模及从业人数变化

现有财政贴息政策价格不能反映风险、资金配置效率低下是最大的问题。西藏每年固定资产投资规模和贷款余额以远高于 GDP 规模增长，仅 2005—2017 年，西藏固定资产投资与贷款余额之和由 GDP 的 1.45 倍增长至 4.59 倍，且差距不断拉大（见图 1-3）。这表明投资对 GDP 的带动作用不断降低，其根本在于全要素生产率偏低，由于低息资金套利空间的存在导致实体"空心化"，大量企业家利用实体企业套取低成本银行贴息贷款资金，然后去从事套利或者做房地产、金融等行业，最后在大的经济和行业周期下难以存继。一旦发现价格差和套利空间之后，在财政贴息政策的实践中，出现了经济学里典型的逆向选择现象。政策出台的本意都是好的，但是结果却往往不尽如人意。以西藏实体经济为例，国有企业大多不存在贷款难贷款贵的问题，而真正急需贷款资金支持的民营企业却又难以借到款。这些都是典型的逆向选择的结果，中央设定了很好的政策，结果在执行层面却出现了问题。

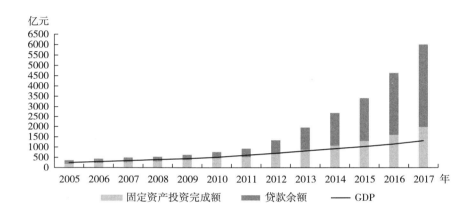

图 1-3　西藏固定资产投资、贷款余额、GDP 变化趋势

近年来，随着西藏经济社会改革发展的逐步深入，西藏的经济结构正在逐渐改变，财政贴息政策作用的基础经济环境正在发生变化，这意味财政贴息政策的有效性可能随之变动。① 那么，在西藏市场化改革发展过程中，贴息政策工具的有效性将怎样变化呢？在不同的发展阶段，针对不同的政策目标，采取何种政策工具更为有效呢？静态层面分析之余，在动态的视角下，我们应该如何客观理性地看待以及评价财政贴息政策效用？传统依靠做大规模的粗放式发展理念在新的经济环境下是否依然发挥作用？现有的贴息政策是否能有效地将信贷资金配置到中小微企业、民营企业、涉农等弱势领域中？信贷资金的市场化利率定价机制是否畅通？这些都是摆在学术界和政策实务界面前的问题。

---

① 类似于农田灌溉的例子，实体经济"农田"能否得到财政贴息贷款有效"灌溉"不仅取决于龙头水量的"规模"更取决于经济结构这个"输水管道"的构造是否高效，相应地，如果管道结构发生了变化，龙头的灌溉方式自然需要相应调整。

改革完善财政贴息政策，为西藏经济社会发展提供更好的金融服务，既是贯彻国家战略意图的需要，也是典型的财政贴息实践探索。但是很遗憾的是对于这样一个与社会经济活动有着如此密切关系的现象（西藏尤甚），学术界却未曾给予足够的重视，我们发现在经济学的理论著作中几乎很难找到严肃的学术报告进行相关研究，仅仅在政策实践层面有一些工作报告式的、归纳总结式的研究。因此，研究财政贴息如何更好引导金融发展、促进区域经济发展具有重要的政策意义。综观国内外相关研究，关于货币政策和财政政策有效性随着市场发展程度的演变已经有了不少研究，但是就专门财政贴息政策有效性演变的相关研究少之又少，理论层面仅在福利经济学和金融约束理论中有一些提及。并且，已有的财政贴息理论大多基于静态的、完全市场化经济假设，而未考虑到实际经济改革发展中的非市场因素，从而难以给出满意的答案。因此，带着这样的思考，本书以西藏为例，聚焦财政贴息这一特殊的经济现象，考察在经济社会发展转型的动态过程中贴息政策有效性的演变。综合运用发展经济学视角下的理论分析框架以及异质性 DSGE 研究方法，通过分析财政贴息对宏观经济发展增长的作用机制，详尽、独立、专门、系统地考察财政贴息问题。最后本书充分肯定财政贴息政策对西藏金融发展以及农牧民增收脱贫方面的贡献，进一步站在更高的角度，尝试在金融抑制和金融深化的理论上，引入发展经济学"有为政府，有效市场，因势利导"的最优政府干预的理论，从经济社会发展的不同阶段动态地考察财政贴息有效性演变。

1.2 西藏的典型样本意义

本书之所以把西藏作为财政贴息政策的研究对象，因西藏跟全国其他地区相比有以下优势。

首先，西藏财政贴息政策是全国唯一全部贷款执行财政贴息政策的省级区域，因此财政贴息在西藏具有普适性。

其次，从金融业结构来考虑，西藏金融业结构相对单一，相对于全国其他省份，西藏银行业间接融资"独大"的现象更加突出，非银行金融在整个金融业的份额很小，西藏非正规金融的规模相对全国其他省份几乎可以忽略不计。我们知道，非正规金融相对于正规金融的数据获取一直存在相当大的难度，即使努力得到较为完整问卷调查数据，考虑到样本量大小、可能样本选择偏误和缺乏直接衡量金融发展的统计指标，往往需要通过间接指标、主观推断等各种不利因素的影响，导致依此数据得出结论的可信度和说服力大打折扣，使问题研究更为冗余复杂。因此，大多数的经济增长与金融发展关系的实证模型直接忽略了有关非正规金融的变量，这将不可避免地造成遗漏变量的偏误，但是这种偏误对西藏来说完全可以忽略不计。西藏地广人稀且居住高度分散，加之西藏县乡之间尤其是农村地区的交通运输和信息传播等软硬条件还很薄弱，造成人员和信息流动比较困难，以及这一地区以民间借贷为主体的非正规金融主要局限在熟人社会的狭小范围，而且这种借贷主要用于非生产经营领域，造成非银行金融的发展相当局限。因此，通过间接金融可以有效涵盖分析金融发展的作用，进而在研究西藏财政贴息贷款中采用银行机构的存贷为基础的统计指标作为金融发展的代理变量，能够较为准确地描述西藏金融发展的趋势，这种误差比全国其他省份要小得多。

再次，从财政贴息政策对经济增长的影响来看，西藏的财政贴息政策从 1994 年中央第三次西藏工作座谈会确定至 2019 年，虽然有略微调整，但总体基本保持稳定性连续性。这对研究这一期间的财政贴息政策的作用效果提供了较为稳定的时间序列，没有形成政策扰动因素。同时，从样本数据的选择来考虑，由于西藏大学扎根西藏的区域优势，本书通过查阅西藏大学图书馆、自治区档案馆等文献数据资料，采用的是较为微观和全面的西藏相关公开统计数据，非常有利于揭示西藏经济增长与财政贴息发展的关系。

最后，从现实意义来看，一方面，自1994年起中央决定对西藏实施特殊的金融优惠政策，这种由财政贴息为核心要义的金融政策，究竟对西藏经济发展有着什么样的实质帮助？我们利用财政贴息政策实施以来的资料进行分析，通过客观的实证证据，具体衡量西藏实施财政贴息政策的效果，以期作为未来改革和完善西藏财政贴息政策的依据。另一方面，近年来，随着财政贴息为核心的西藏特殊优惠金融政策实施，极大地刺激了西藏金融业自身的发展，西藏金融业尤其是银行业一路高歌猛进，进入发展的黄金期，其从业人员整体收入也因此水涨船高。仅2016年西藏金融行业从业人员年平均工资达到18.4万元左右，是全国平均水平的1.5倍左右，是西藏农林牧渔业从业人员的5.2倍左右（见图1-4）。正是在这样的背景下甚至出现了将金融产业打造成为西藏重要支柱产业的声音。但是，西藏银行业金融机构主要的利润来源都是中央财政贴息资金，忽略这点基本事实去谈西藏金融业的发展无疑是脱离了西藏发展实际。一个地区金融业的发达首先在于实体产业的强大，然后才是金融的强大。而产业的持续发展植根的是产业及其资源的整合提升，期待腾笼换鸟、全新植入高大上项目的结果，只能导致产业政策的混乱和"空心化"，而产业的"空心化"直接意味着金融风险。因此，通过客观严谨的研究分析，正本清源，找准金融业在西藏整体产业发展政策中的定位也是本书研究的现实意义之一。

总之，运用西藏的实际情况做财政贴息为核心的金融政策与经济发展的关系样本研究的意义，绝不仅仅是全国其他省份研究的简单重复。迄今为止，最新的有关西藏经济增长与金融发展的实证文献讨论虽然有曾维莲（2016）、唐雨虹（2015）等有关西藏经济金融的实证研究，但都只是简单复制全国其他省份的实证方法，鲜有结合西藏经济和金融实际的特殊性分析。综上所述，本书的研究具有更深远的意义和影响。

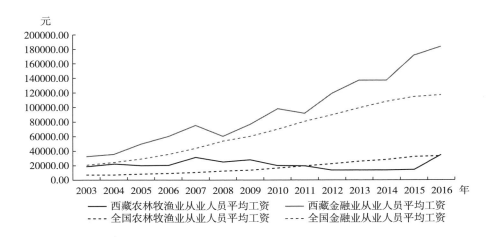

元

200000.00
180000.00
160000.00
140000.00
120000.00
100000.00
80000.00
60000.00
40000.00
20000.00
0.00

2003 2004 2005 2006 2007 2008 2009 2010 2011 2012 2013 2014 2015 2016 年

—— 西藏农林牧渔业从业人员平均工资 　　—— 西藏金融业从业人员平均工资
---- 全国农林牧渔业从业人员平均工资 　　---- 全国金融业从业人员平均工资

图 1-4　2003 年以来西藏与全国传统行业和金融行业人均收入变化情况对比

1.3　主要概念界定

在我国，财政贴息是中央和各级地方政府针对某一特定领域或行业常用的一种财政补贴手段，尽管学术界关于财政贴息的定义有许多不同的观点，但究其本质，财政贴息首先是财政补贴的一种形式，是一种政府的转移性支出。财政贴息是政府运用财政资金，通过金融机构渠道对金融产品进行价格补贴的一种特殊财政支出政策，是政府对金融产品的一种价格调控手段。因此，本书所指的财政贴息是财政补贴中的一种特殊的形式，是指在某一确定的经济结构下，政府支付给企业和个人的，能够改变既有的信贷产品和资本要素相对价格的，影响微观经济主体行为和效用，进而影响宏观经济产出的财政支出政策。与之相近的概念有财政贴息贷款、贴息贷款、贷款贴息等，均是指借款人从商业银行获得贷款的利息由政府有关机构或民间组织全额或部分负担，借款人只需要按照协议归还本金或少部分的利息，这种方式实质上就是政府或民间组织对借款人的鼓励或支持。由于我国现实情况中政府财政是主要的贴息承担方，因此贴息贷款多指财政贴息贷款。① 从以上的概念界定可以看出，中央赋予西藏的特殊优惠金融政策实际上就是财政贴息政策的典型代表，其实质上就是中央财政对西藏信贷产品价格的一种转移支付行为，是财政贴息典型案例。

狭义的财政贴息政策是指财政贴息贷款政策，即政府代承贷主体支付部分或全部贷款利息，包括财政贴息资金的"量"和贷款利率水平的"价"两层含义。常见的形式有易地扶贫搬迁贷款贴息、公积金贷款贴息、国家创业创新贷款贴息、"老少边穷"地区综合开发贷款贴息、进出口贷款贴息等。广义上的财政贴息政策包括政府代所有金融产品消费者支付该产品的部分或者全部价格，如中央对西藏保险行业的保费补贴、债券市场的债券发行费用补贴、证券行业的上市企业大股东减持优惠政策等。若非特别注明，本书研究均指狭义的财政贴息政策。

财政贴息的种类有很多，按照政策类型可以分为扶贫贴息贷款、公积金贴息贷款、国家创业贴息贷款等；按照贴息渠道可以分为对银行类产品的贴息、对保险类产品的贴息、对证券类产品的贴息、对其他金融产品的贴息；按照贴息对象所在行业类型可以分为林业贴息、农业贴息、教育贴息、房地产贴息；按照贴息对象可以分为贴息个人、贴息企业、贴息银行；按照贴息资金来源可以分为财政贴息、非官方组织（NGO）贴息、个人贴息等（见图 1 - 5）。

财政贴息的主要应用领域包括以下几个方面，扶贫领域、"三农"领域、技术创新领域、基础建设领域、住房贷款领域、助学贷款领域等。其设计之初的政策目标是通过对社会效益外溢的、客观条件导致竞争劣势的对象的一种资本要素价格补偿，用较少的财政资金吸引大量的社会资金，以达到保证微观主体在信贷产品、金融服务以及资本要素可

---

① 若非特殊说明，本书关于财政贴息贷款、贴息贷款、贷款贴息等概念指代原则上视为一致，不加以区分。

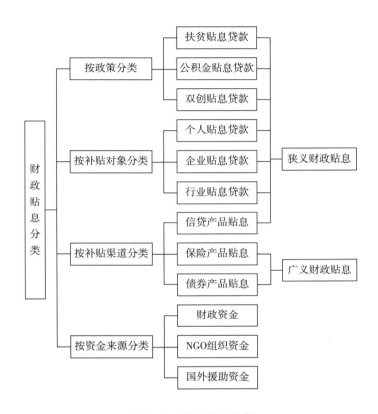

图 1-5　财政贴息分类

获得性上的平等竞争地位，保障社会经济各区域、各行业、各主体生存和发展的起点公平以及国家重点建设资金的需要，从而提高整体经济的效率。其理论上有利于间接调节生产和消费，有利于调整投资结构，实现产业结构合理化；有利于降低企业财务成本，增加企业盈利，从而也有利于增加财政收入。

财政贴息政策的传导机理为通过改变某一特定对象（区域、行业或群体）的金融产品（具体地说是信贷产品、金融服务、资本要素）的价格，使资金的相对价格结构发生变化，并通过相对价格的变化，一方面增加享受贴息政策主体的福利收入，提高该区域该对象的金融产品和资本要素的可获得性，提高金融消费者的消费水平。另一方面由于贴息产品产生替代效应，在可以替代的范围更多地购买该产品，并相对减少其他产品的购买，从而产生对其他金融产品和要素市场的挤出效应。最终通过两方面的传导合力改变宏观经济的消费、产出以及资本形成水平。

不同于传统的转移支付，甚至不同于传统的财政补贴，财政贴息政策在设计之初具有以下几点特征：第一，财政贴息是一种鼓励性调节措施。市场利率一定情况下，对于企业的经济行为给予无偿性扶持使其以较低的成本获得资金使用权，从而使那些盈利能力差，又需要适当发展的企业能够筹措到足够的发展资金，从而保证各产业能够平衡发展。第二，财政贴息资金具有较强的资金撬动功能。政府通过财政贴息可以撬动数十倍的社会资金，引导民间资本遵守国家的调节要求，从而达到资本在各行业的优化配置，实现国家宏观调控的目标。第三，财政贴息资金具有较高的使用效率。与财政直接投资相比，贴息理论上带动的主要是私人投资，这样在利润最大化的驱使下达到资金的最大使用效果，避免财政直接投资项目效益低下的情况，从而降低财政的隐性风险。第四，财政贴息属于财政补贴中的"暗补"。政府有权设定和取消贴息贷款项目，而无社会压力，是一种"无刚性"财政支出，可以适时灵活运用。第五，财政贴息理论上能够兼顾"公平"与"效率"。财政贴息一般用于那些有巨大社会效益而自身盈利差的项目及落后地区的项目，国家给予贴息正是对这类项目社会效益外溢的一种补偿及客观条件导致竞争劣势的补偿，保证了微观主体平等竞争的地位，从而提高了整体经济的效率。但财政贴息在执行过程中也容易出现一些问题：一是容易干扰市场利率传导机制，不利于宏观调控。二是政策目标容易偏移，甚至出现挪作他用、补贴失控、失效及使用效率低的问题。三是必须量力而行，财政贴息不同于财政投资，其属于无偿性转移支出，不会产生直接投资收益，而财政贴息的无偿性使社会对其需求具有无限性特点，这样必然会带来财政负担。同时单纯财政贴息调节经济的力度是有限的，也会扭曲利益分配格局。

财政贴息的计量方面，狭义的财政贴息计量存在于具体的贴息贷款发放规模和贴息比率的科目设置之中，比较容易统计。而广义财政贴息隐含在费率补贴、税收返款、抵扣券、奖励扶持费用等收入再分配制度中，其统计较为复杂烦琐。本书采取结构化模型进行计量，多为冲击响应和趋势分析，因此不涉及具体的财政贴息规模统计。

1.4 研究思路与研究方法

1.4.1 研究思路与基本框架

本书按照提出问题、分析问题、解决问题的逻辑思路进行研究推进。首先，在充分回顾财政贴息理论研究和实践经验基础上，讨论和分析了西藏财政贴息政策对经济机制作用及影响，提出财政补贴政策是存在成本和收益权衡的矛盾。其次，从理论和实证角度分析论证了一个地区财政贴息政策的有效性是一个动态变化过程，随着经济环境的变化，政府财政贴息政策会发生相应变化，并以新古典经济学分析框架刻画了西藏经济发展这一动态过程，创新性地提出了西藏宏观经济分析"三重二元"的结构性视角。研究了在不同经济发展阶段下，财政贴息政策有效性的演变，并根据模型结论，验证了现实西藏经济的情况，进而以财政贴息政策调整为冲击进行了实证分析和模拟检验，最后指出了财政贴息政策现存的问题，并提出了若干优化政府贴息政策建议。内容安排上，全书共分为8章，整体遵循"观察现象—提出问题—分析问题—解决问题"，从现象到本质，从具体到概况，从结果到原因的逻辑对西藏财政贴息政策有效性的变化及其机制原因展开研究（见图1-6）。除第1章绪论外，第2—4章是本书分析的理论基础和建模前提。其中，第2章是有关财政贴息政策的理论及实证研究综述。第3章是财政贴息政策的国际国内经验及传导机制的理论分析。第4章是财政贴息政策考察典型样本代表——西藏财政贴息历史及经济发展实际。第 5 章到第 7 章是西藏财政贴息政策的实证分析。其中，第 5 章构建了西藏财政贴息政策的异质性 DSGE 模型，并进行政策冲击分析。第 6 章在第 4 章和第 5 章的基础上对模型进行了"城镇与农村""国有企业和民营企业""传统与现代"的结构性拓展及讨论。第 7 章在第 5 章和第 6 章模型分析结论的基础上，对 1996—2016 年的财政贴息政策实践情况和西藏实际经济运行情况进行了印证分析。第 8 章为本书的结论和政策建议部分（见图 1 –7）。

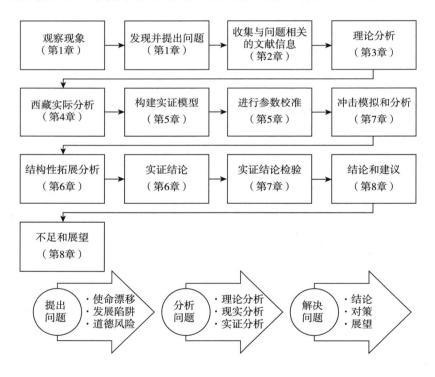

图 1 –6 本书逻辑结构

本书试图研究并重点回答以下问题：财政贴息政策对经济影响的作用机制是什么？如何定量测算财政贴息政策调整对经济的冲击？如何支撑政府部门改革财政贴息政策的决策？财政贴息政策的实质是什么？财政贴息政策有效性不足有什么负面影响？以扶贫为主要目的的财政贴息

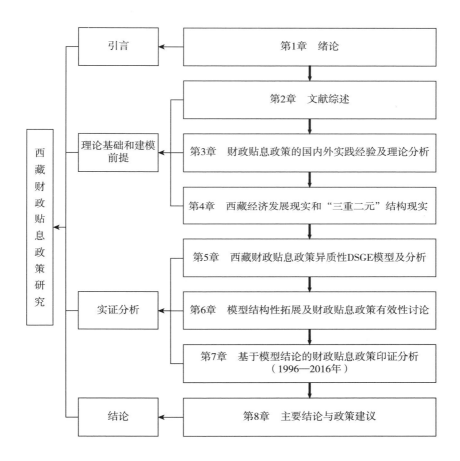

图 1-7 本书基本框架

政策所投入的资金与创造的工作机会是否真正起到减少贫困的作用？经济结构差异和变迁在财政贴息政策有效性演变中扮演了什么角色？如何更好地协调财政政策和金融政策，以加速资本生成，不断增强内生动力，提升西藏经济的自我发展能力？财政补贴与金融扶持会产生综合效果还是有排挤作用，两者间存在什么样的关系，在西藏经济发展上是否有替代性效果？作为财政与金融的交叉领域的财政贴息政策在经济发展中如何权衡效应与成本等问题，这都是目前缺乏实证的重要课题。

本书进一步分析目前的财政补贴与金融支持政策是否存在排挤作用

或者是否可以产生综合效益。就宏观而言，西藏由于自身经济发展规模有限，金融资源不足，长期依赖国家贴息政策支持，财税和金融是中央支持西藏发展的两个最重要的途径。财税政策以财政转移支付和税收返还政策为主，金融政策则以优惠利率、利差补贴和特殊费用补贴政策为主。本书还探讨分析了未来西藏是否继续依靠国家特殊的财政贴息支持，或是逐渐增强长期的内生发展动力，发挥市场机制的作用，不断增强内生动力，提升西藏经济自我发展能力。

1.4.2　研究方法

研究方法方面，针对本书的研究对象和研究目的，本书综合运用理论高度联系实际背景、现实情况兼顾历史惯性、定性分析结合定量测算、边缘视野运用主流范式、静态分析互补动态拓展、实践结果检验实证结论等方法（见图1-8）。具体来讲，主要包括以下几点：

（1）理论联系实际的方法。本书紧密围绕西藏财政贴息政策有效性这一研究的核心问题进行了严密的逻辑推演，层层递进。先从理论上阐述财政贴息与各宏观经济主体行为之间的相互关系，同时为避免对理论和模型的生搬硬套，充分结合西藏经济实际，刻画财政贴息政策作用机制的"三重二元"现实经济背景，进而引入财政贴息政策实证模型分析，最后得出了合乎逻辑的结论和政策建议。

（2）现实分析和历史背景相兼顾的方法。本书不仅对西藏财政贴息政策现实情况进行了分析，还进一步兼顾分析了西藏财政补贴和信贷关系发展历史，通过对历史和现实的演进历程分析，在纵向上进一步廓清了西藏财政贴息以及经济发展规律和脉络。

（3）定性结合定量的方法。本书在财政贴息政策理论层面进行定性分析的同时，还使用了定量分析的技术和方法，使所论述的问题达到逻辑推演的严密性。本书在论述过程中，将核心考察问题模型化、数量化，使定性分析获得了更精确的表述和更有力的支持，并采用大量的公

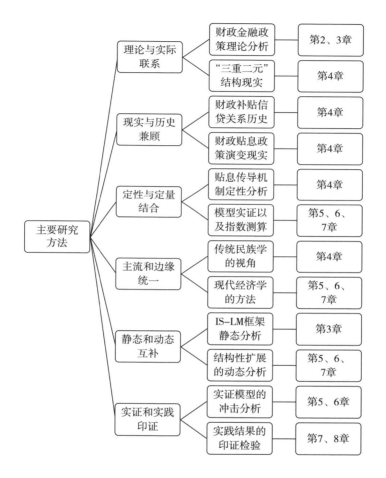

图 1-8　本书主要研究方法

开数据及分析来佐证自己的观点，同时综合运用 Dynare、Matlab、SPSS 等计量工具进行了定量的测算以及分析。

（4）主流和边缘相统一的方法。财政贴息研究涉及的知识面较宽、范围较广，既包括财政学相关理论又包括金融学相关理论，比较难以把握。因此，在本书研究中综合运用主流经济学方法（DSGE 动态随机一般均衡模型）和民族学的视野（西藏财政贴息政策这一民族学视野范畴的研究对象）。

（5）静态融合动态的方法。本书不仅通过 IS – LM 和 NKIS – NKPC 框架静态分析了财政贴息政策变动在短期和长期时间范围内对西藏宏观经济各变量的冲击影响，还进一步在 DSGE 一般均衡模型中考虑不同经济发展阶段政策有效性的动态变化趋势。以生产函数的参数作为最优选择变量，对参数结构化拓展进行了分析，而不仅仅是给定生产函数下只静态选择投入产出的资源配置的新古典经济学分析方法，试图以发展的思维去研究问题是贯穿本书始终的方法。

（6）实践印证实证的方法。本书通过 DSGE 模型对西藏财政贴息政策有效性及其演变分析得出实证结论，并进一步通过实践结果对实证结论进行检验和印证，使研究结论的现实经济解释能力进一步强化。

1.5　创新和不足

本书在以下几个方面有所尝试和创新。

（1）研究对象的创新。本书以西藏为典型样本代表，综合运用多学科交叉领域研究方法，首次系统、全面、详尽和深入地考察了财政贴息政策这一特殊经济现象，并系统全面地分析了财政贴息对宏观经济影响的作用机理。

（2）研究方法的创新。财政和金融与经济之间的互动关系有很多研究，因为财政和金融深化与经济发展之间的关系互为因果，有严重的内生性问题，是学术界很难突破的地方，本书运用国际上较为先进和流行的宏观经济研究方法（异质性 DSGE 分析框架）试图在西藏财政贴息政策这一具体问题上，充分考虑西藏独有的"三重二元"经济结构特征等外生条件，有效地避免了经济发展与金融成长的内生性问题，探讨经济增长与财政贴息政策引导下金融发展的关系。同时本书还将西藏独有的"三重二元"经济结构通过柯布—道格拉斯生产函数引入异质性 DSGE 分析框架，也对 DSGE 模型应用范畴有所拓展。

（3）研究理论方面的创新。为构建符合西藏经济发展实际的实证模型，本书在结合西藏实际研究财政贴息的同时创新性地提出西藏"三重二元"经济结构理论，这也是在西藏宏观经济研究领域的一次尝试和创新。西藏是正在发生深刻结构变化的转型经济区域，"三重二元"经济结构特征对于长期增长和短期波动都具有决定性的影响，财政贴息政策有效性更是如此。但长期以来研究西藏经济发展问题容易陷入两个极端，一方面是大量的定性分析缺乏定量的研究，另一方面是已有的实证分析大多都是生搬硬套国内外现有的分析框架和范式，没有充分反映西藏经济现实，自然也就谈不上拟合度和解释性了。而本书试图在这个方面往前推进一小步，构建一个符合西藏特征和现实的理论模型框架，进而在财政贴息这个具体的切入点上对其进行拟合和解释，并就该理论的内涵和外延进行充分的阐述，形成逻辑自洽的理论体系，较好地解释了西藏经济发展的实际情况，为本书构建财政贴息 DSGE 模型乃至研究西藏宏观经济问题奠定了坚实的理论和现实基础。

孙勇先生在诺贝尔经济学奖获得者刘易斯二元经济理论基础上，最早提出："由于西藏以制造业和工业为代表的现代化产业并不是内生于传统的农业部门，而是具有外部植入的特征，因此一开始就表现出与传统部门的"绝缘"性，西藏的这两个部门之间很少沟通，不仅二者涨落的相关性很小，而且对同一区域社会的贡献彼此分割，文化观念、生产方式等也相去较远。因此，西藏现代社会经济形成了一种特殊的双重二元结构，即非典型性的二元经济结构。"该理论是对西藏宏观经济研究的一项重大理论贡献，由此厘清了西藏经济发展问题的内在逻辑。但是，现今距离该理论的提出已有相当的年代。在当前这个历史时期，西藏的二元经济结构又呈现出怎样新的变化呢，与全国平均水平比较，其非典型性是否仍然显著，从宏观经济分析框架来看呈现出哪些新的特征？基于以上背景，本书在前人研究成果的基础上，回归主流宏观经济学研究范式，扬弃地提出西藏"三重二元"经济结构的研究视角，即城镇和农村二元化结构问题；以国有企业为代表的公有制经济和以民营企业为代表的非公经济二元化结构问题；以涉农、低端服务业为代表的传统产业与以制造业、高端服务业为代表的现代化产业二元结构问题。并从宏观、中观、微观"三个位面"对其具体经济内涵进行阐释、最终落脚在市场一体化"一体"的改革发展之中。对西藏二元经济结构的转换趋势和特征等作全面、深刻的分析，并建立相关模型进行定量测算，使之与现代主流宏观经济学分析范式相衔接。

（4）实际应用价值方面的贡献。政府财政（中央财政）中越来越大的份额用于贷款贴息，势必难以维系，不免会影响国家重点项目建设。根据观察可以看到，近年来经济体制改革的每一项重要措施，尤其是扶贫攻坚工程实施以来，无不扩大了财政贴息的范围。在此背景下，有人提出理顺经济关系让市场起主导作用，逐步减少财政贴息，也有人认为还是应该维持或增加，对财政贴息的问题，金融政策实务层面都感到惶恐。本书以西藏贴息贷款30年实践经验为基础，从西藏经济发展现实的角度对财政贴息贷款进行经济分析，着重以微观经济传导机制为重点进行研究，力图在一般均衡模型中引入贴息政策冲击，对财政贴息贷款经济现象的微观传导机制建立理论模型分析，并进行模拟检验，最后在以上研究结论的基础上，就下一步完善财政贴息贷款制度，提高财政贴息资金效率给出可供参考的量化依据。中央对西藏实行利差补贴的优惠利率以来投入了大量的资金和大量的人力、物力，而对其政策实施作用及效果缺乏学术意义上的讨论，本书力图填补学术界关于这个领域的空白。

此外，本书的创新之处还在于，现有DSGE相关研究文献对政策效应分析中，多数学者都是从财政或金融单一角度进行分析，综合考虑财政贴息这一财政金融整体效应的研究较少。同时，"既有的财政贴息实证研究方法较为薄弱，大多数都使用向量自回归模型、格兰杰因果关系检验以及误差修正模型等基础的数量统计方法，对两者之间的关系进行实证检验"（张立军和湛泳，2006；秦建军和武拉平，2011），"部分学者虽基于省级面板数据进行了检验"（张克中等，2010；陆宇嘉等，2011；王娟和张克中，2012），"但由于对微观传导机制、变量内生性考虑缺失，以及对于金融行为发生地的文化属性没有做控制变量，这必然造成模型设定偏差和估计结果的不准确"。西藏具有地理位置偏远、自然环境高寒缺氧、传统农牧结合的落后生产结构以及独特的宗教文化属性，很难产生生产性收入。因此，通过传统的贷款方式（如小微贷方式）可能难以起到作用，但是长期的贴息补助又会产生激励机制和创业精神缺乏的问题。因此，研究西藏财政贴息为主导的金融政策与作用对国家扶贫政策与治藏战略方向都具有重要的现实意义。本书站在更大的视角，在发展经济学的视角下，希望以小见大，系统地得出政府最优金融干预路径这一结论，力求在发展经济学的具体实践应用上有所突破。

总之，本书不仅对西藏过去的财政贴息实践加以总结提炼，为西藏金融特别是特殊优惠金融政策如何发挥更大的作用提供建议，更希望通过客观严谨的学术探讨，向国际学术界介绍近年来西藏财政贴息政策实践发展取得的成就和经验，对类似的欠发达地区利用财政贴息金融政策促进地方发展提供可复制的经验和可避免的弯路。

2 文献综述

通过第 1 章对财政贴息相关概念的界定和分析，我们知道了财政贴息政策是财政对信贷资金价格的一种补贴，其本质上是着力于金融行为的特殊财政支出，这种财政支出的运动形式和经济影响与其他财政支出不同，它既具有财政补贴运行的特征又涉及金融学的研究范畴。因此，本章将分别介绍财政补贴和金融发展与经济增长相关的研究，接着对财政贴息政策行为在国内外的实践情况加以总结和分析。同时，由于本书研究的样本着眼于西藏，为更好地紧扣西藏经济发展实际，本章同时对涉藏相关经济研究文献进行综述回顾，最后对"二元结构理论""民族学"等本书研究涉及的其他相关理论也进行了简单的评述。

2.1 财政补贴与经济增长研究述评

国外学者围绕财政补贴做了不少研究。但是长时期以来，财政补贴一直被当作一种政治行为，经济学家很少对其进行深入、细致的研究。在西方理论界，有关财政补贴最早的研究起源于庇古（Arthur Cecil Pigou，1877—1959）的《福利经济学》（1920）。庇古认为，尽管在完全的市场上，社会资源的最优配置可以通过竞争来实现，但是由于某种原因，却不能达到社会福利的最大化，故政府应当干预市场决定收入分配的过程。一方面政府可以通过税收限制那些边际私人纯产值小于边际社会纯产值的产业发展，另一方面可以通过补贴鼓励那些边际私人纯产值大于边际社会纯产值的产业发展，从而实现全体居民福利的最大化。后来，很多学者的研究都围绕福利和利益分享、公益事业的定价、补贴与税收的关系等问题而展开。美国经济学家米尔顿·弗里德曼于 1962 年提出：当对以家庭为单位计算的总收入低于某一特定的收入水平时，由政府给予一定金额的补贴或按照一定的比例给予补贴，这就是我们经常所说的政府财政转移性支出之一，其目的在于通过国民收入的再分配，来缩小贫困差距，保障所得者的最低生活水平，弥补福利制度的缺陷。虽然该理论遭到很多其他学者的批判，但是，作为一种变价格补贴为收入补贴的方案，其主要优点是对市场价格机制干预较小，是在特定条件下的一种次优选择，因而得到一些经济学家和政府部门的认可。被誉为现代财政学之父的理查德·阿贝尔·马斯格雷夫（Richard Abel Musgrave）和佩吉·马斯格雷夫（Peggy B. Musgrave）在 1973 年著作《财政理论与实践》中从社会产品理论出发，对财政补贴理论进行了进一步的研究。他们认为，现实社会中的一切产品都是介于纯私人产品和纯公共产品之间。纯私人产品，其收益完全是竞争性的，通过市场交换完全可以弥补成本，政府对他们的补贴为 0；反之，纯公共产品的成本来自政府的财政支付，可以被视为 100% 的依赖于补贴；介于纯私人产品和纯公共产品之间的产品或多或少都受到政府的补贴。两位学者认为，政府财政支出的功能就是财政补贴，进而将整个财政支出理论看成财政补贴理论，在这点上其理论受到了其他学者的质疑。

20 世纪 80 年代发展起来的战略贸易政策主张政府应该采取贸易保护主义，主张通过财政补贴来支持企业率先发展，使企业在竞争中占优，以争夺有限的经济租金。如 Branderand 和 Spencer（1984）认为，政府应该选择具有竞争力的企业，并给予补贴，通过其来抢占第二国出口市场，从而将外国的垄断租金转移至国内。而 Krugman（1984）认为，政府应该实施进口保护，通过出口退税等鼓励出口。对于存在正外部效应的行业，Ethier（1982）认为，政府应该给予补贴或保护以促进其生产的国家专业化。Krugman（1992）对前人的研究进行了综合，认为战略贸易政策的理论核心是"利润转移论"和"外部经济论",该理论似乎为经济竞争条件下的政府干预"提供了合理的辩护"。如果把战略贸易政策的主张进行扩展,我们也可以把这种理论运用到国家内部的区域经济发展上。

让·拉丰(2004)在《政府采购与规制中的激励理论》中提出,对理性的企业和追求社会福利最大化的政府而言,如果政府通过财政补贴来激励企业,企业就会努力提高自己的效率;反之,如果企业偷懒,其将会受到惩罚,政府将减少对其的财政补贴。这样,政府就根据企业经营情况,建立起委托与代理的激励关系,政府可以运用财政补贴来促使企业提高自身管理水平,提高运营效率,同时政府也可以达到社会福利的最大化。

关于政府补贴的社会效益和企业收益问题,国外学者也有众多的研究成果,得到的结论却是相互对立的。学者对于社会效应的研究主要通过财政补贴对就业的影响来进行的。Wren 和 Waterson(1991)从理论视角和微观角度出发,即基于企业的角度来研究行业财政补贴对于促进就业的直接影响。他们通过研究发现,无论是采用补贴的形式,还是采用贷款的方式,行业的财政补贴都能促进就业,是支持经济发展政策的一个重要组成部分,他们的研究为评价行业财政补贴的直接就业效应提供了理论依据。这与 Jenkins、Leicht 和 Jaynes(2006)的实证研究的结论是一致的。Jenkins、Leicht 和 Jaynes(2006)研究了美国高科技行业的政府补贴的就业效应,他们以美国 1988—1998 年大城市的高科技行业的就业率数据为基础,利用计量经济学的思想检验了政府对高技术行业的补贴是否有效。该研究分析了自 1970 年以来,美国联邦政府以及地方政府开展的一系列技术改进项目的实际效果。作者选择了高科技行业中有代表性的 7 个政府补贴子项目,分析了这些受到补贴的项目对就业增长的影响,指出其中的 5 个子项目对于提供就业机会有着积极的作用。而 Harris(1991)对制造行业的实证研究得到的结果正好相反。

Harris（1991）利用北爱尔兰制造业 1955—1983 年的数据，结合计量经济学模型，研究了要素补贴的就业效应，发现劳动力需求的价格弹性相当低，制造行业有采用劳动力密集型技术的趋势，而资本补贴对于就业产生的是负效应。这意味着劳动力需求弹性较低的制造行业，财政补贴并没有起到促进就业的作用，这点对于西藏处于传统劳动力密集型行业的财政补贴政策效应也具有一定的启发。财政补贴对企业的影响，学者的观点也不同。David C. Mauer（1998）的研究认为，财政补贴能够增加企业的投资，提升其盈利能力，并扩大其规模。而 Beason 和 Weinsteill（1996）发现，财政补贴会导致企业低增长以及规模报酬递减。Van（1998）对荷兰的投资补贴研究发现，投资补贴改变了企业的投资决策，影响了企业的长期偿付能力。Tzelepis（2004）对希腊公司分析发现，投资补贴无助于企业效率与获利能力的提高，倒是大量财政补贴的流入，提高了企业的偿债能力，同时，对企业成长有一定的正向影响。这点对于西藏企业特别是国有企业近年来负债水平不断上升与投资回报率不断下降同时存在的现象具有一定的启发意义。

关于政府补贴对经济增长的效应，很多国外学者也做了研究，得到的结论主要分为两类，即政府补贴能促进经济增长和政府补贴与经济增长无关。如 Dimitris Skuras 和 Kostas Tsekouras（2006）研究了政府资本补贴对于产出增长的影响。他们在研究中突破了以往学术观点的限制，将政府补贴视为一个新领域，发现政府补贴确实能影响总产出，但其影响不是通过规模效益来实现的，而是通过技术因素来影响总产出，同时他们也认为公司地理位置会影响其技术效益的发挥。他们的结论与 Courage Gilma 和 Cristobel 的研究结论比较接近。Sourafel Girma 和 Cristobel（2006）对爱尔兰的政府补贴的效应进行了研究。他们发现，政府补贴对企业克服财务危机和采用新技术是有效的，如技术更新的补贴提高了企业的创新积极性，并最终提高企业的总产出。而 DeLong 和 Sumrers（l991）指出，对于公用事业企业的补贴可以弥补市场机制的失灵，但是，政府补贴也可能引起很多问题，因此还不能准确衡量政府补贴对经济长期增长的影响。

对于政府补贴存在的问题，很多学者也提出了质疑，如 Armstrong（2001）通过研究英国地方政府的选择性补贴制度，发现政府补贴数额和补贴目的同人们期望的目标有很大的差异。虽然政府补贴政策做了很多改革，但该研究者认为，现行的改革并没有根本上改变地方政府选择性补贴造成效率低下的本质，这可能使政府补贴制度面临更加严峻的挑战。Gilbert 和 Rocaboy（2004）研究了中央政府补贴分配中存在的一些主要问题，如补贴的不公平问题。针对信息不对称情况下财政补贴分配过程中存在的缺陷，他们提出了一个简单的模型，设计了审查和激励机制，期望能降低政府补贴分配中存在的不公平问题。Bergstrom（2000）则利用面板数据检验了瑞典 1987—1993 年接受政府补贴的企业产出效应。结果显示，补贴虽然可以影响短期经济增长，但是对长期经济增长却没有显著的影响。Teresa García – Mila 和 Therese J. McGuire（2001）利用西班牙的数据得到的结论是，政府补贴并没有促进受补助地区的经济发展。他们认为可能是下列三个因素导致政府补贴的低效率：一是补贴对于经济结构的调整可能需要较长的时间才能表现出来；二是政府补贴的数量限制了其作用的发挥；三是由于逆向选择的原因，政府对补贴的使用情况无法监察，无法确定资源是否投向了好的投资项目。他们认为至少到目前为止，政府的补贴政策是失败的。

国内外也有不少专门针对财政对金融部门补贴的研究，比较有代表性的是财政哺育金融理论。该理论认为，财政补贴金融机构是为了改善社会福利。Benjamin 和 Piprek（1997）认为，社会的最佳选择就是在没有任何人的福利受到损害的情况下某个人的福利得到了改善。社会收益就是客户因为有了金融机构而获得的更多的效用。社会成本就是因为资助金融机构而不能支持其他项目而损失的收益。理论上说，因为存在市场失灵，所以需要金融机构来改善社会福利。Besley（1994）认为，若竞争不能产生对社会有效的结果提高社会效率时就称为市场失灵，当某一行动可以改善社会福利，但没有企业能够得到足够的收益来补偿其成本时就出现市场失灵。因为企业的最佳选择和社会的最佳选择不一定相同，市场因此会失灵。Wallner（2002）以日本意外保险行业为例来讨论政府和补贴行业之间存在潜在的契约关系，政府之所以给予保险行业补贴或是为了保护该行业，或是加强对该行业的管制。政府通过提供补贴来换取企业的合作，进而影响企业的经营行为。可见，政府补贴并不是免费的午餐。

仅针对财政贴息这一特定财政对信贷金融产品补贴政策行为的研究，国外的相关文献相对较少。托·图克在《价格史》（1838 年伦敦版第 2 卷第 355、356 页）指出利息率可以定义为："它是为在一年内或任何一个或长或短的期间内使用一定数额货币资本而经贷出者同意接受的并且是借入者同意支付的比例金额，如果资本的所有者亲自把资本用于再生产，他就不能算在这样一种资本家里面，这种资本家和借入者人数之间的比例决定了利息率。"Stiglitz（1993）认为，市场失灵也会给金融市场带来麻烦。但仅有市场失灵是不足以需要公共干预措施的。只有当金融机构很好地降低市场失灵程度，使干预的收益大于干预的成本时，金融机构才能被证明是正确的。即使在没有市场失灵时，公共金融机构也可能是实现社会目标的最佳选择，例如，在不存在其他能够有效解决重要社会问题方式的情况下。西方研究者认为，金融市场的失灵是财政贴息的先决条件，金融机构在失灵的市场里也有风险，寻找被私人放款人回避的好借款者是很困难的事情。通过调整判断和控制风险的方式，一些金融机构找到了不需要提供传统的担保就能够发放、回收贷款并能盈利的方式，即财政贴息。世界银行在 1989 年报告中指出"通常，最成功的财政贴息实践是那些最关心成本度量的实践，过去，金融机构的一些业务常常适得其反，甚至伤害了它想要帮助的人，补贴不断增加，预算愈加紧张，无法加强金融机构的建设以使其在没有补贴的情况下也能生存"。例如，"墨西哥在 1983 年至 1992 年共向农业发展金融机构投入了 230 亿美元的资金（1992 年不变价），但后来因预算削减而不得不减少投入"（世界银行，1994）。当然，一些财政贴息金融机构实践还是很好的，并且化解了市场失灵。但是，有些金融机构可能浪费了稀缺的资金或者加剧了市场失灵。一般来讲，经济学理论认为如果存在市场失灵，金融机构就有改善社会福利的机会。Devarajan、Squire 和 Suthiwart – Narueput（1997）认为，市场失灵本身并不足以证明补贴金融机构是必需的，因为补贴金融机构本身也有成本，并可能扰乱市场。政府失灵可能会破坏纠正市场失灵的意图，或者说一个财政贴息政策在金融机构实践中可能是无效率的。同时，金融机构仅仅是诸多通过减少贫困和增加收入来改善社会福利的方式之一，为了作出好的选择，社会必须衡量成本，还需要衡量收益。正像 Lipton 和 Ravaillon（1995）所说的，"长期贫困似乎不是信贷或其他市场的'市场失灵'导致的，而是因低的要素生产率和低的人均非劳动要素禀赋所致"。而以上观点对于正确看待金融在西藏扶贫领域的作用和定位具有一定的启发意义。

国内关于财政贴息文献则相对较多。石丹和魏华（2010）认为，尽管财政与金融在支农方面已经取得了很大成就，但与农业和农村发展、农民收入增加的需求仍然存在很大的差距，强调了财政贴息方式在农业领域中应进一步推广与应用，提出通过财政贴息方式启动固定资产投资需求，用此方式可以在财政投入与民间投资之间建立直接的连带关系，真正起到"四两拨千斤"的作用。但也有学者分析了财政支农贴息存在的问题，张国明（1993）指出，财政贴息在实际操作中支出效益不佳、作用效果达不到预定目的这一问题，并认为在保证贴息政策前提下，应根据贴息融资支出对经济的影响，合理确定不同经济阶段的贴息规模、突出重点，消除所有制歧视，建立完善的贴息监管体系。还有一些学者对农业贷款贴息效率进行评价。邓绍彩（2013）提出，衡量财政对农业贴息贷款效率的指标主要有以下几种：财政对农业贷款贴息增加农业生产能力指标、财政对农业贷款贴息提高劳动生产率指标、财政对农业贷款贴息增加农产品产量指标、财政对农业贷款贴息引起农业总产值变化指标、财政对农业贷款贴息引起农民收入水平变化指标、财政贴息引导农业贷款的有效性、农业贷款的投入对农业总产值、农村年均纯收入等，该文指标的选取对于本书有一定的参考意义，但是该文的研究局限在于只是简单地把含有上述几个变量的回归方程表示出来，进而评估没有微观作用机制作为支撑，不能很好地解决内生性问题，解释力较为薄弱。本书力图引入宏观经济一般均衡模型从某种意义上说是一种探索性的研究。在更广泛意义的财政补贴支农政策上，彭克强和陈池波（2007）认为，在"支农"大前提下，整合财政支农与金融支农不仅是必要的，而且是可行的。整合财政支农与金融支农相辅相成、互为前提。财政支农资金整合的成功须同时满足三项条件：一是财政支农资金的使用效率在整合后可以得到大幅提升；二是财政支农资金的规模在整合后会急剧扩张；三是政府必须开展配套的行政机构改革，如大幅精简涉农单位与人员，建立一支"想干事、能干事、干成事"的农业公务员队伍。受部门利益关系盘根错节、地方政府财力有限、现行行政体系彻底改革并不可行等因素的影响，彭克强、陈池波认为，上述三项条件难以满足，整合财政支农与金融支农任重道远。

通过文献研究发现，西方主流财政补贴政策理论都是以市场机制较为健全完善的发达国家为研究对象而建立起来的。因此，国外对于财政贴息这一政府干预明显的财政政策研究较少，有的也局限对发展中国家的财政贴息政策研究。同时我们也发现广泛意义上的财政支农补贴政策在国外已经有很长的历史，如在 20 世纪 30 年代美国政府就颁布实施《农业调整法》（*Agricultural Adjustment Act*；AAA，1933），就规定美国财政部资金对降低产出农民提供补助以保护农场主的利益，维持农业和农村的稳定发展。继美国之后，欧洲国家也纷纷开始实施支持农业与农村发展的政策，如 20 世纪 60 年代欧洲共同体成立后开始实施"共同农业政策"，通过对农产品实行价格支持、对生产者进行直接补贴等形式来扶持共同体内各国农业与农村的发展。

通过以上财政补贴相关文献调研我们可以发现，关于财政补贴支农政策国外的学术界研究主要涉及三个方面：一是通过理论与实证分析阐述政府财政对农业进行支持的必要性；二是关于政府支持农业的水平与力度的测度方法及其应用的研究；三是对政府支农支出的收益率进行分析与比较。除了以上几个方面外，国外一些学者还对农业支持政策的负面效应问题有过关注，如欧洲一些研究机构就曾指出，欧盟的农业支持政策影响了农场主的生产决策，扭曲了国际贸易，对发展中国家的农产品出口造成了不利影响，并且财政支持农业的价值会最终转化到土地中，抬高土地价格。

2.2　金融发展与经济增长研究述评

财政贴息政策的本质是财政资金通过金融渠道进行相关经济影响作用机制，财政补贴资金仅仅在补贴发生的交割期间和金融系统发生关系，此后的作用过程仍然是通过金融发展与经济增长的作用机制进行拓展。因此，金融发展与经济增长的相关理论研究也是本书研究不可或缺的理论依据。

本书通过调研国内外相关文献，总结出有关经济增长与金融发展两者关系的研究大致有以下几个代表性理论。金融结构理论（Financial Structure Theory）；"金融深化"和"金融抑制"两个不同的角度的金融约束理论；金融摩擦理论以及其衍生出的外部融资升水（External Finance Premium，EFP）；基于金融发展与经济增长外生关联性的最优金融干预理论；农村金融相关理论。

Bagehot（1873）早在19世纪开始关注经济增长与金融发展关系。Patrick（1972）指出，金融发展和经济增长关系的两种可能：需求追随型（Demand Following）和供给领先型（Supply Leading）。"需求追随型"强调经济主体对金融服务的需求。随着经济的增长，经济主体产生了对金融服务的需求，使金融机构、金融资产与负债以及和相关金融服务应运而生，这样促进了金融体系的发展。"供给领先型"则更多强调金融供给在先，经济主体需求在后，金融中介和金融系统通过提供金融服务来促进经济发展。帕特里克还将"需求追随型"和"供给领先型"结合起来研究经济增长与金融发展的关系，认为两者是相互影响，在不同经济体和不同的发展阶段，存在一个最优顺序问题。

金融结构理论（Financial Structure Theory）的主要代表人物是Goldsmith，他将所有金融发展现象归结为金融结构、金融机构和金融工具。金融结构的变化体现了金融发展，研究金融发展就是研究金融结构的变化过程和趋势。

财政贴息本质上是一种政府资金价格干预，因此其涉及金融约束、金融抑制、金融深化、金融摩擦方面的理论。金融深化理论中最有影响力也是本书重要的参考文献之一是罗纳德·麦金农（Mckinnon）的《经济发展中的货币与资本》和爱德华·肖（Shaw）的《经济发展中的金融深化》，以发展中国家的货币金融问题作为研究对象，分别从金融抑制和金融深化两个不同的角度，全面论证了货币金融与经济发展的辩证关系，详细地分析了发展中国家货币金融的特殊性，并提出了独特的政策主张。他们认为，金融体制与经济发展之间存在相互推动和相互制约的关系。从相互推动看，一方面，健全的金融体制能将储蓄资金有效地动员起来，并引导到生产性投资上去，从而促进经济发展。另一方面，蓬勃发展的经济也通过国民收入的提高和经济活动对金融服务需求的增长反过来刺激金融业的发展，形成一种相互促进的良性循环。但是，在大多数发展中国家，这两者之间却存在一种相互制约的关系。一方面，由于金融体制落后和缺乏效率，束缚了经济的发展。另一方面，经济的呆滞限制了资金的积累，制约了金融的发展，从而形成了相互促退的恶性循环。这种金融体系与实际经济同时呆滞落后的现象，就称为

"金融抑制"；反之，如果完全不存在抑制现象就是"金融深化"。Mck-innon 和 Shaw（1973）分别从"金融深化"和"金融抑制"两个不同的角度，形成了金融深化相关模型，建议发展中国家的政府应放弃对金融市场和金融体系的过度干预，放松对利率和汇率的严格管制，使利率和汇率成为反映资金供求和外汇供求关系变化的信号，有利于增加储蓄和投资，以此促进自身经济增长。但是，实践证明对转型经济和发展中经济而言，推行金融深化并未达到预期效果，很多发展中国家实行金融自由化却导致了金融危机。[①] 并且，由于存在信息不对称、道德风险等问题，即使存在瓦尔拉斯均衡市场，资金也难以有效配置。所以，有必要寻找新的发展道路，Stiglitz、Murdock 和 Heilman 在 1997 年提出金融约束理论。他们指出，在必要时要发挥政府的控制力，保证经济的正常运行和金融政策的安全实施。因此，金融约束的实质是政府通过一系列的干预性金融政策为民间部门创造出租金机会，通过激励作用和租金效应规避潜在的逆向选择和道德风险，鼓励创新，维护金融稳定，从而对经济的发展起到积极效应。同时，金融约束论也更强调政府干预的作用，认为政府采取适当的选择性干预而不是直接的补贴，有助于金融发展。Merton（1995）和 Levine（2001）主张金融体系为经济发展提供功能和服务。金融约束理论实证研究方面，Miao 和 Peng（2011）引入 KM（Kiyotaki 和 Moore，1997）融资约束机制，构造了一个包含房地产部门的 DSGE 模型，通过贝叶斯估计发现中国的信贷政策有助于稳定经济。刘兰凤和袁申国（2012）认为，引入 BBG 融资约束机制对解释中国经济波动有帮助；Zhang（2009）则使用 DSGE 模型研究了异质性融资约束对中国不同部门相对产出波动的影响。

金融摩擦理论认为，金融摩擦是金融市场信息不完全对称的另一面，与金融约束理论不同，它们广泛存在于发达和欠发达地区，Calomiris 和

---

① 金融深化论的前提假设是瓦尔拉斯均衡的市场条件，在现实中这种条件难以成立。

Ramirez（1996）将金融摩擦归为四类。第一类是信息成本（Information Costs）。资金供给方无法识别拥有给公司带来价值增值项目的"好公司"，"坏公司"有冒充"好公司"的动机。债权人很难识别公司类型，"好公司"的借贷成本上升，导致出现"坏公司"驱逐"好公司"的"柠檬"资金市场①。第二类是控制成本（Control Costs）。事后信息不对称，债权人有道德风险，放弃给公司带来价值增值的项目，反而选择价值递减的项目。为了降低经理们的道德风险，债权人需要督促公司按照契约实施项目，但会花费一定的费用，这称为控制成本。第三类是监督成本（Monitoring Costs）。债权人对公司选择的项目的信息是充分的，但是对于项目最终的结果却需要花费成本才能获知。在状态依存债务中，经理在报告项目时，可能会"隐藏"利润的真实信息，以减少融资的财务费用，资金供给者要花费成本才能验证真实的项目状况。第四类是市场分割（Market Segmentation），即使没有上述三类成本，市场分割也会妨碍资金的有效转移，这是一种物理成本。这点在本书的研究中主要体现在劳动力市场和资金市场的分割。此外，还有金融摩擦理论衍生出的外部融资升水理论。外部融资升水（External Finance Premium，EFP）是指由于金融市场缺陷产生的投融资双方的委托—代理问题，导致金融摩擦的存在，致使内外源融资存在单位成本差异。其具体表现主要有三个方面，第一，企业在进行外源融资的过程中，不但需要寻找资金供给方，还要讨价还价，由此产生搜寻成本、签订契约成本和交易成本等，因此，外源融资比内源融资更昂贵。第二，一旦贷款契约签订，企业存在道德风险，银行对企业的监督成本提高了外源融资的价格。银行作为企业外部债权人，如果要获得关于企业经营状况的真实信息，需支付一

---

① 柠檬市场（The Market for Lemons），"柠檬"在美国俚语中表示"次品"或"不中用的东西"，所以柠檬市场也称次品市场，也称阿克洛夫模型，是指信息不对称的市场，即在市场中，产品的卖方对产品的质量拥有比买方更多的信息。在极端情况下，市场会逐步萎缩或不存在，这就是信息经济学中的逆向选择。

定的审计成本（Auditing Cost）或验证成本。担保贷款升水取决于担保品的性质。Kiyotaki 和 Moore 指出，如果人力资本与担保品不可分，企业违约可能性小，贷款升水较低；反之，银行要考虑担保品的磨损、清算成本以及重新谈判贷款契约的成本，会将升水提高至担保品市值以上。第三，由于借贷双方的委托—代理问题产生代理成本，这既是外部融资升水的直接原因，也是贷款合同资金价格的一个决定因素。

此外，"政府金融决策在发展中的角色"即最优政府金融干预理论的研究一直是学术界关心的命题。20 世纪五六十年代，当时主流宏观经济学是建立在凯恩斯主义遗产和福利经济学基础之上，使发展经济学家像强调经济增长的重要性一样，强调政府干预对经济增长的重要性。之后，随着新自由主义理论的扩散，尤其是实践中计划与理论上计划在结果上严重背离，使人们"对计划的狂热平息下来，潮流转向对市场的兴趣"。而 20 世纪 80 年代末至 90 年代，东欧剧变和苏联解体使一些国家计划经济体系全面崩溃，更被一些发展经济学家视为计划管理主义的终结。但看第二次世界大战以后发展中国家最成功的典型日本和东南亚国家，从理论与现实的超常规发展成果，确实有政府的有效干预在起作用，而"东亚模式"的特色之一也恰恰在于政府的管理作用，这又部分纠正了学者的看法。在此背景下最优金融干预理论认为经济增长与金融发展外生部分间有着很强的关联性，同时资本积累和生产率的增长也与金融发展的外生部分有着一定相关性。Rioja 和 Valev（2004）发现，不同经济发展水平阶段，经济增长与金融发展的关系也不同。在金融发展的低水平阶段，金融对经济增长的作用是不确定的；在中水平阶段，金融对经济增长具有比较大的正向作用；而在高水平阶段，作用虽然也是正向的，但是比中水平阶段小。付才辉（2016）在新结构经济学基础上的最优金融干预分析研究认为，由于欠发达国家或地区结构刚性的存在，市场自身在推动结构变迁实现产业和技术升级存在困难，政府干预有助于市场推动发展，并指出由于信息、协调、外部性、结构刚性等原因，市场自身在推动产业和技术升级上存在失灵；政府的发展政策需要干预市场机制才能够激励理性个体去利用发展机会（如创新、成长、技术进步、产业升级等），而市场机制遭到干预后必然会导致扭曲产生损失（如产能过剩、结构失衡、资源误配、不平等等）；随着发展水平和禀赋结构的提高，发展战略的边际收益会下降而边际成本则会上升，最优发展战略需要向下调整。即由发展战略推动的发展本身就是推动发展战略动态调整的根本性内生因素，发展战略的主要决策者与实施者的政府自然会根据发展水平的变化动态地调整发展战略的成本与收益的最优决策。付才辉和王丹（2012）指出，因为政府要想激励市场在禀赋条件不成熟的条件下实现产业和技术升级就必须改变相对价格，价格机制的扭曲不可避免地造成损失。可以看出付才辉及其新结构经济学研究成果对本书要讨论的财政贴息政策问题具有一定的启发意义，因此也是本书重点参考的理论文献之一。

在政策诞生之初，解决"三农"问题就是财政贴息的主要目标和任务，因此本书的研究不可避免地涉及农村金融相关理论。本书通过调阅文献发现国内外有关农村金融理论的研究已相当成熟，这为我们研究财政贴息政策有效解决农村金融问题奠定了理论基础。农村金融是一个很大的概念，它是一种面向"三农"和城乡统筹发展的金融服务体系，以涉农金融为主，也包含部分非农金融。其主要目的是方便并满足县域农村居民存、贷、转、汇、交易、支付、结算等基本金融服务需求，通过资金调度运用和信贷手段，以及农业保险等促进农业增产增效、农民增收、农村发展，以及农村工业化、城镇化、信息化、市场化建设等城乡统筹事业。王冰和胡威（2008）认为，财政支农资金的功能主要有三个方面：一是财政支农资金对"三农"的无偿支出或对"三农"资金使用的优惠支持；二是财政支农资金的"发动机"作用；三是财政支农资金对农村资本形成的宏观调控作用。财政支农是指由财政支农资金引发的金融机构对农业信贷的加倍式的或乘数式的信贷资金投放效果；其联动机制是指财政支农资金启动农村金融信贷资金，农村金融信贷与农村经济实体收入变动形成自发调节机制，最终引致的农村金融信贷量变化的效果。Fan、Nyange 和 Rao（2005）指出，众多的财政支农投入和各种金融扶贫措施中，扶贫贷款对减贫的作用最小，政府的反贫困项目对农村减贫效果不佳的原因在于，目标瞄准机制的低效率以及对资金的错误使用。王定祥（2011）认为，由于金融具有"保本逐利"的要求和"嫌贫爱富"的本性，要想金融介入国家扶贫战略之中，至少要能使金融机构"保住本金"，能维持金融机构的简单再生产。显然，以追逐利润最大化为目标的商业性金融机构不可能主动和大规模地承担金融扶贫的重任，学术界在很长一段时间内也并未对金融的减贫效应给予足够的重视。但是，自孟加拉国的乡村银行项目"格莱珉银行"获得巨大成功之后，学术界才开始普遍关注金融对贫困减少的影响。Gulli（1998）系统分析了微型金融对贫困减少的影响机制，并认为微型金融对贫困减少的主要贡献在于帮助穷人克服了金融信贷约束，并对其金钱进行管理。Marcus、Porter 和 Harper（1999）认为，极端贫困者被排除在微型金融之外并不说明极端贫困者不能从微型金融中受益。相反，他们说明了微型金融在满足极端贫困家庭需求上项目设计的失败，解决问题的关键在于设计出适合极端贫困家庭需求的金融服务项目。Jalilian 和 Kirkpatrick（2001）以经济增长为中介研究发现，尤其在低收入国家，金融机构的政策和项目都可以作为减少贫困的工具。英国国际发展部（DFID，2004）指出，金融服务对贫困减少产生直接影响的两种途径：一是金融部门向穷人提供信贷服务，信贷服务可以使穷人有能力投资于新技术，也可以提高穷人的教育和健康水平，这些都将提高穷人的生产力，帮助他们摆脱贫困；二是金融部门向穷人提供储蓄服务，储蓄服务可以帮助穷人积累资金，从而可以帮助穷人平滑消费，抵御收入不稳定带来的风险。Floro（2007）研究发现，微型金融的风险应对机制可以提高参与者控制风险的能力，从而降低其脆弱性，对减少贫困有利。在国内，樊胜根等（2002）和林伯强（2005）较早研究了农村公共支出结构对增长、地区不均等和减贫的效应，并对这些效应进行了估计。林伯强（2005）研究表明，农村基础设施等方面的生产增进型公共投资促进了农村经济增长，减少了地区不平等和贫困。李永友和沈坤荣（2007）发现，偏向低收入群体的财政支出结构安排有利于降低社会的相对贫困水平。吕炜和刘畅（2008）认为，社会性公共支出安排弱化可能是近年来农村减贫效应递减的最主要原因。秦建军和武拉平（2011）的研究则表明，改革开放30年间，财政支农投入总体上对农村贫困缓解起到了一定的作用。短期内，财政支农投入增长对农村减贫效果较为明显；而长期，财政支农投入的农村减贫效果趋于平稳。

农村金融实证研究方面，Beck、Demirguc - Kunt 和 Levine（2004）利用52个发展中国家和发达国家1960—1990年的平均值，估计了金融中介发展与贫困减缓间的关系，认为金融中介发展越好的国家越有利于降低贫困和收入不平等。Burgess 和 Pande（2004）运用印度1977—1990年农村地区的银行部门数据，检验穷人直接参与金融活动对农村贫困产生的影响。Burgess 和 Pande（2004），Gedaetal（2006）等实证研究结论均支持金融服务对贫困减少的直接影响机制。随后，Jeanneney 和 Kpodar（2005）建立了一个更详细的，包含金融发展和金融波动的贫困决定模型，结果同样说明金融发展有利于穷人脱贫。Gedaetal（2006）用单一金融贫困模型检验了埃塞俄比亚金融和贫困之间的关系，其结果表明人们对金融产品的使用能显著地平滑消费，进而降低贫困。Imaietal（2010）则采用99个发展中国家的跨国面板数据的研究表明，微型金融的总体贷款量与度量贫困的 FGT 指数显著负相关，即微型金融不仅显著降低贫困发生率，而且也显著降低贫困深度和贫困强度，同时这也意味着最贫困的群体也能从微型金融中受益。同时，丁志国等（2011）运用2000—2008年中国省级面板数据，检验了农村金融发展对减少农民贫困的作用，研究表明，中国农村金融发展对减少农民贫困既存在直接效应，也存在间接效应，而间接效应的作用明显高于直接效应。王娟和张克中（2012）构建了一个具有一般性的公共支出与减贫关系的理论框架，并在此基础上利用1994—2004年中国省级面板数据实证分析发现，社会救济支出、基本建设支出和农业性公共支出对减贫存在显著效应，按其减贫效应作用大小排序为：农业性公共支出＞社会救济支出＞基本建设支出。

通过农村金融文献研究发现，学术界把研究的重心集中在农村金融供给和农户借贷行为特征上，主要是认为农村金融体制安排不合理所致，从而引起了财政如何促进农村金融模式的争论。其争论问题主要表现在以下几个方面：一是财政支农投入虽逐年增加，但存在财政投入有限、农民收入增长趋缓、资金分散及使用效率不高等问题。二是金融的"有偿性"和商业化运作与农业的特殊性和农村经济的弱质性之间的矛盾难以调和，农村金融长期以来发展迟滞，农民贷款难和农村金融机构贷款难的"两难"问题难以解决。三是金融支农和财政支农的执行主体不同，支农方式各异，部门协作意识不强，财政支农和金融支农呈现各自为政的局面。四是财政部门在安排支农支出时很少考虑金融资金的配合，金融机构的支农服务所获得的财政支持也极为有限。五是我国虽连续多年实施农业贷款贴息，如扶贫贷款贴息，林业贷款、节水灌溉贷款中央贴息，积累了一些经验，但仍存在贷款种类少、贷款期限短，操作难度大，缺少稳定的贷款贴息制度等问题。

此外在个别国家的研究方面，Jayaratne 和 Strahan（1998）研究了美国支行改革对全国各州的不同影响，估计美国实施支行改革后的州相对于没有进行改革的州经济增长的差异，结果发现支行改革提高了银行贷款的质量和实际人均资本的增长。Haber（1997）对巴西、美国和墨西哥1840—1930年的产业和资本市场的发展进行了历史比较。他利用企业数据得出金融发展的国际性差异显著影响产业增长率。Guiso、Sapienza 和 Zingales（2004）利用意大利家庭数据来分析地方不同金融发展对经济活动的影响。他们研究发现，地方金融的发展能促进个体创业、增加产业竞争力和促进企业成长，对不在本地区同时不容易获得融资的小企业格外有效。Choar 和 Thesmar（2007）利用法国企业数据发现 1985 年取消政府对银行贷款的干预增强了信贷市场的竞争力，包括提高在各个企业的分配效率。

国内关于金融发展与经济增长关系的研究起步较晚，多数是基于宏观上省级面板数据的实证研究。例如，黄智淋（2013）发现，当通货膨胀率低于某限值时，经济增长与金融发展是正相关；而当通货膨胀率超过限值时，经济增长与金融发展是负相关。杨有才（2014）发现，为减小区域差距促进经济收敛，应大力发展中西部的金融发展水平。周丽丽（2014）表明，中国金融发展收敛速度远大于经济增长收敛速度，中国经济增长差异每降低 1%，其金融发展差异缩小 8.79%。邵宜航（2015）得出在经济发展程度越低，技术进步越多地选择模仿时，金融深化对经济增长的作用越显著；而随着经济发展，自主创新比重增加时，金融深化对经济增长的促进作用开始显现。吴盼文（2015）发现，区域金融发展对经济增长具有推动作用，但现阶段银行、证券、保险三大金融市场对经济增长的作用存在较大差异。张林（2016）表明，中国实体经济增长存在显著的正向空间相关性和异质性，金融发展和科技创新在短期和长期内均对实体经济增长具有显著的促进作用。高明、李德龙和施雨水（2017）考虑中国特有的城乡二元体制，引入城镇内收入差异的概念，利用 1991—2008 年中国的面板数据，分别对金融发展与城乡间、城镇内收入差距之间的关系进行了实证研究。结果显示，无论是城乡间还是城镇，金融发展对收入差距的影响均存在倒"U"形的库兹涅茨效应①，支持 Greenwood 和 Jovanovic（1990）所提出的"门

---

① 库兹涅茨曲线（Kuznets Curve），又称倒"U"形曲线（Inverted U Curve）、库兹涅茨倒"U"形曲线假说。美国经济学家西蒙·史密斯·库兹涅茨于 1955 年所提出的收入分配状况随经济发展过程而变化的曲线，是发展经济学中重要的概念。

槛"理论，即收入差距的扩大并非因为金融发展不具有正外部性，而是因为贫困者无法享受到此类福利。

金融发展对微观行业、企业影响的实证研究方面，徐圆（2015）利用《中国工业企业数据库》数据分析认为，金融发展虽然能够推动微观企业整体的产出增长和资本投入，并且对高外部融资依赖行业中的企业作用更明显。杜萌（2015）发现，东部地区金融发展对资本密集型产业发展有正效应，却对劳动密集型产业有负效应；中西部地区金融发展对劳动、资本和资源密集型产业发展都有促进作用，但对劳动密集型产业的影响更大且更为显著。陈创练（2016）发现，国际资本流入有益于提高中国工业行业的资本配置效率，但是，随着国内金融市场的发展，国际资本流入对资本配置效率的影响由正转负；同时，当国内金融市场发展水平较低时，国内资本增长反而降低了工业行业资本配置效率，随着国内金融市场的不断完善，该效应由负转正且呈增强态势。贾俊生（2017）发现，信贷市场可得性对创新有显著的促进作用，但资本市场融资功能的不完善限制了其作用发挥；创新是金融发展影响经济增长的重要渠道。

我国省市区域和农村县域金融发展与经济增长实证研究方面，陈伟（2015）利用湖南省数据，发现金融发展水平和金融机构效率都是长株潭地区经济发展的长期原因，但不是其经济发展的短期原因。周力（2016）采用北京市数据发现，短期内金融规模的扩大往往会带动经济增长，但是金融规模持续不断的扩大并不会对经济产生促进作用；而且短期金融效率的提高也无法显著带动经济增长，但长期来看，金融效率的提高则可以对经济增长产生持续性的促进作用。魏雪燕（2016）利用河南省数据，实证研究结果表明，农村金融发展的规模和结构在农村经济增长中起到显著促进作用，金融发展效率的影响不显著，但农村经济增长是农村金融效率提高的原因，这种"需求遵从"以及农村资金的外流，阻碍了农村金融对农村经济增长的促进作用。

欠发达地区的金融发展与经济增长典型案例实证研究包括，王仁祥

（2017）以西南地区的四川、云南、贵州、西藏四省（自治区）333个
农村县域单位数据，检验贫困与非贫困的县域金融对经济增长影响的差
异。实证研究发现，信贷层面上的金融发展对经济增长的推动效应普遍
存在，而储蓄层面金融发展的效应则存在地区差异，非贫困县的储蓄与
经济无关，贫困县的储蓄与经济增长负相关。中国人民银行兰州中心支
行课题组（2016）利用甘肃省58个国家级贫困县数据，分析表明，金
融发展对贫困减缓具有显著的、积极的影响，其中金融发展规模的扶贫
效应大于金融发展效率的减贫效应；经济增长对贫困减缓的作用更大，
为贫困地区减贫提供了现实基础；贫困呈现出较强的惯性和持续性，导
致贫困地区脱贫难度加大。

金融发展与宏观经济增长的实证研究方面，Goldsmith（1969）运
用金融中介资产的价值与 GNP 的比率作为一国金融发展指标，重点检
验了35个国家在103年间（1860—1963年）的数据。他发现经济增长
与金融发展往往是同步发生的，经济增长迅速的时期同时也是金融快速
发展的时期。King 和 Levine（1993）用77个国家从1960年到1989年
的数据，来衡量金融发展。用 DEPTH[①] 衡量金融发展的弊端是，
DEPTH 虽然代表金融中介机构的规模，但是它无法准确地衡量金融系
统所发挥的功能。LaPortaetal（1998）将法律制度环境作为工具变量，
认为有效实施法律权力，将更好地促进金融的发展。金融中介和宏观增
长的实证研究方面，Beck、Levine 和 Loayza（2000）采用私有信贷
（PC）[②] 来描述金融发展。PC 包含了没有被国际货币基金组织划分有存
款业务银行的这类金融中介的信贷。他们在跨国横截面数据运用工具变
量时发现 PC 指标是长期推动经济波动的关键因素，后期学者在此基础
上得出 PC 是预测金融不稳定最有效的单一指标。Boyd 和 Prescott

---

① DEPTH = 金融系统的流动负债/GDP。
② 私有信贷（Private Crédit，PC）= 金融中介对私有部门的信贷量/GDP。

（1986）指出，金融中介通过减少获取信息和处理信息的成本提升资源的配置。Greenwood 和 Jovanovic（1990）指出，金融中介收集关于企业更好的信息，从而向更有希望的企业融资，使资金配置更有效率。King 和 Levine（1993）、Galetovic（1994）、Blackburn Hung（1998）、Morales（2003）指出，金融中介通过识别最有可能成功发明新商品和生产工艺的企业家促进技术创新。Grossman 和 Stiglitz（1980）揭示股票市场促进企业信息披露，随着市场的扩大和交易的活跃，代理人更有动力花费资源调研企业获取信息，理由是在更大和更具流动性的市场通过信息获利将变得更容易。Merton（1987）认为，更大更具流动性的市场激励产生对提升资本配置效率有价值的信息。Gorizia（1988）指出，资本市场的不完善，通过抑制人力资本投资影响经济增长。他认为由于人力资本投资不可分性和资本市场存在缺陷，这将导致初始财富的分配影响谁能获取资源加强人力资本投资，从而影响宏观经济的短期和长期的总产出。

2.3　涉藏经济研究述评

由于本书对财政贴息的研究样本是落在西藏，而众所周知，西藏被誉为地球第三极，其特殊的自然人文环境以及制度安排决定了西藏经济社会发展与内地及世界其他地区有着显著的差异。为使本书更加符合西藏实际，有必要对涉及西藏经济社会发展相关已有研究进行全面梳理和了解。

中文文献中有关西藏经济发展方面的论著在数量上较多，但是其中一般介绍或泛泛而论者多，属于学术研究或具有一定深度者较少，而且偏重西康地区①。尽管如此，系统的、现代意义上的涉藏经济学理论研

---

① 西康省，简称康，中国旧省名，设置于民国二十八年（1939 年），所辖地主要为现在的西藏东部昌都市、四川甘孜藏族自治州、雅安市、阿坝藏族羌族自治州等。1955 年第一届全国人民代表大会第二次会议决议撤销西康省，原西康省所属区分别并入四川省和西藏自治区筹备委员会（今西藏自治区），金沙江以东并入四川省，金沙江以西的昌都地区并入西藏。

究最早开始于民国时期，这一时期经济类论著涉及的范围却是十分广泛的，可以视为涉藏地区经济研究的起步阶段。以下择其要者，略加介绍。

谢培筠编著的《川西边事辑览》，是较早探讨川西涉藏地区经济发展的著作。作者在实地调查的基础上对川西地区的林业、金矿、药材、草地、交通等情况详加记述，并特别对藏区草地的经营提出了自己的意见。钟毓的《西康茶业》则对康区茶业的发展状况进行了较为全面的论述和分析研究，内容涉及西康茶业的重要性及茶叶的种类、分布、栽培、制造和运销等，既有文献价值，也有一定的研究深度。阳昌伯的《从经济之观点认识现阶段之康藏社会》，则从人类社会发展的角度对康藏经济结构与社会现状的关系进行了分析，具有一定的学术价值和应用价值。李有义的《杂谷脑喇嘛寺的经济组织》是一篇研究藏传佛教寺院经济的力作。马长寿将西方近代人类学、社会学的理论引入西藏民族和社会的研究之中，其代表著作有《嘉戎民族社会史》《康藏民族之分类体质种属及社会组织》等。其他论著以介绍为主，如陆诒的《西康之经济概况》、邱怀瑾的《西藏经济之概观》和《西康经济之透视》、王一影的《康藏经济》、李安宅的《西康德格社会经济鸟瞰》等文章；冯景兰的《川康滇铜矿纪要》对西南三省铜矿的成因、成矿时代及分布规律等，作了系统的归纳和分析，具有较高的理论和实践价值。

近代对川西涉藏地区财政研究主要集中在"乌拉"① 问题上，研究也比较深入，其中既有黄上辑成的具有资料价值的《康区各县乌拉差徭概况一览》和《西康乌拉差徭制度之史的叙述》；也有一些专题论文，如余胎泽的《西康之路乌拉问题》、华若飞的《从历史上看西康乌拉问题》、蒋君章的《乌拉问题之解决途径》和华岗的《西康乌拉差徭

---

① 藏语，西藏民主改革前，农奴为官府或农奴主所服的劳役，是政府以劳动的方式收取税的一种方式，主要是耕种和运输，还有种种杂役、杂差。

的概况及其社会性质——西康社会考察记之一》等。以上论著中蒋君章和华岗的研究比较深入，学术价值相对较高。

商业贸易的研究则主要围绕川康之间的茶叶贸易展开，并带动了对历史上茶马贸易的研究。主要论著有马裕恒的《川茶之概况及其与川康贸易之重大关系》、黎世蘅的《最初华番茶马贸易的经过》、竟凡的《历代汉藏茶马互市考》、李光璧的《明代西茶易马考》以及谭英华的《明代西南边疆之茶马市场》等。值得一提的还有李式金的《拉卜楞之商业》，此文不仅是一篇资料翔实的寺庙经济商业调查资料，而且对当地的输出贸易、输入贸易和贸易特点等问题也进行了较为深入的分析和研究，不仅具有较高的学术水平，也具有重要的史料价值。

西藏和平解放后随着西方经济学思潮的逐步流入，西藏经济学研究领域有了迅速发展，囊括了农林牧业、工矿业、交通邮政通信业、金融货币财政、商业贸易等各个层面。1978 年后，西藏的经济学理论得到了长足发展，许多学者为此作出了贡献。到了 20 世纪 90 年代，随着中国经济的迅猛发展，经济学方面的研究也同样关注西藏经济发展战略及出现的问题。20 世纪 90 年代末至 21 世纪初，随着党和国家更加重视西藏经济社会的发展，以及援藏力度不断加大，西藏经济学研究成果日益丰富。周兴维《东部藏区发展初论》提出应从全局出发做好东部涉藏地区组织规划工作，其核心内容是如何将东部涉藏地区与西藏统筹安排、整体布局。张之超等撰文《中国西藏开发中的"长江战略"问题研究》和杨明洪撰文《论西藏进入长江上游经济带》均从全国宏观大局看待西藏的经济发展问题。作为第一部系统研究西藏经济史的著作，多杰才旦和江村罗布（2002）在《西藏经济简史》中阐述了西藏解放前经济史，解放后经济史，解放后的农业发展史，交通、航空、邮电、能源、工业史，计划财政金融史，流通与市场，新兴产业，西藏城镇建设与内地的后勤基地建设，西藏的人口与消费，西藏经济发展展望等。但是该书重点阐述了解放后的经济发展历史，对解放前的叙述则较少。

孙勇（1994）在《西藏经济社会发展简明史稿——文化进化个例探讨》中试图用文化进化的观点来视察西藏经济社会的发展史，并以文化进化在西藏的个例分析来探讨这个观点的证伪程度。将西藏社会经济发展与文化进化进行了跨学科研究，提出从发展经济学的观点来分析，当代西藏经济社会的发展问题是经济社会双重非典型二元结构的问题；从文化角度来看，是文化综合进化与特殊进化冲撞的问题。作者认为，这两种学术分析有异曲同工之理，将二者综合起来有助于人们更深刻地理解经济社会发展，理解发展绝不是单纯的现实问题，而是处理有着许多历史积淀的发展。作者进一步认为，当代西藏经济社会的发展，是在实现了一个历史性跨越后开始的，即在漫长的自然而然的历史进程中，由于先进生产力和先进生产关系的切入，其自然性运动过程中断，实现了跳跃式的跨越。时间标志是 1950 年中国人民解放军进入西藏后，中央与西藏地方政府签订了《十七条协议》，以及 1959 年西藏大部分地区实行了民主改革。从那时起，西藏区域社会中既体现了新型社会机制的一面，又保留了原有社会经济机制的诸多形态，形成了一种特殊的"双重二元"结构。西藏新型的社会机制是在我国占主导地位的社会主义现代社会运行方式，原有社会机制则是旧西藏人神合一、政教合一、明显地域性经济的社会运行方式保留下来的一系列形态。自 20 世纪 60 年代以来，西藏经济社会既有社会运行机制的二元性，又有经济结构的二元性，这样的双重非典型二元结构实际上构成西藏经济社会今后发展的基础。

此外，孙勇（2000）还以讨论报告形式撰写了《西藏：非典型二元结构下的发展改革——新视角讨论与报告》，该书就西藏地区生产力布局的水平层次问题，西藏社会主义市场经济的发育水平问题，西藏三次产业的发育水平及其相互关系问题，西藏金融与财政问题，以藏族为主体的西藏民族的消费结构与优化问题，西藏的人口与经济发展的关系问题，宗教情感与政治原则和科学精神协调适应问题，藏族在振兴西藏社会主义市场经济过程中的地位与作用问题等，都做了清楚的阐述和表达。在孙勇（2009）的《西藏经济社会若干问题探讨——高山拾贝者的足迹》一书中，作者从西藏农村改革、西藏经济社会发展战略、西藏企业改革机制问题、西藏经济结构改建问题、西藏资源、产业序列与发展问题、西藏市场体系问题、西藏综合区力基本问题、发展经济学与西藏发展研究等方面，对西藏经济社会理论研究方面进行了较为深入的探索。

李中锋（2010）从共享型经济发展方式的角度研究西藏经济发展进程的《西藏共享型经济发展方式研究：1980—2010 年》一书中，提出西藏 1980 年以来的经济发展带有明显的共享型经济方式的特征，是共享型经济发展方式的典型案例；该研究有利于探索更加适合西藏的经济发展道路，还有利于探索适合经济欠发达地区的经济发展方式，促进竞争力弱的居民共享我国经济社会发展成果。

关于西藏产业发展的研究，肖怀远（1994）关于产业政策的论文集《西藏产业政策研究》，从不同角度对西藏的产业发展提出了许多建议。由西藏自治区经济研究中心组织西藏长期从事农村经济工作的同志共同编写而成的《西藏农牧区：改革与发展》（肖怀远，1994）一书，从理论上和实践中总结了西藏自治区农村经济体制改革与发展的经验，并对下一步的改革与发展的前景进行了有益的探索，对农牧区的经济建设和深化改革有较强的指导意义。第一部研究青藏高原产业布局的专著《青藏高原产业布局》（张可云，1997）一书，在评介产业发展的历史和现状的基础上，对青藏高原产业布局的内部条件和外部环境作了较详细的分析。孙勇和倪邦贵等（2009）在《西藏三产与一产发展论——以农牧民增收为重点研究对象》一书中对西藏第三产业在国民经济、农村经济的发展和农牧民增收中的贡献、地位、作用作了全面的研究与分析。

在保护环境与经济发展关系方面，洛桑·灵智多杰（1996）在

《青藏高原环境与发展概论》一书中概要介绍了青藏高原的环境特点和环境价值，论述了高原经济发展及生态环境现状，阐释了高原经济可持续发展的基本内容和现代化过程中的环境政策。

在西藏现代化发展道路研究方面，也涌现出不少著作，以沈开运（1996）《中国西藏现代化发展道路研究》为代表，该书吸收借鉴了国内兄弟省区改革开放和经济建设的经验教训，以及国际上一些经济发展的成功案例，分析了西藏四十多年来经济社会发展的轨迹，提出了西藏现代化建设过程中的原则取向、战略构想、重点区域突破和发展战略，对与西藏现代化建设密切相关的背景做了认真分析。

在可持续发展研究方面，王天津等（2002）在《西部开发与西藏的可持续发展》一书中提出了一些新思想，阐述了一些新概念，核心思想是建立新型的西藏环境资源产业。作者力图以新的视角看待西藏经济改革中出现的种种事物，并总结其规律。

在西藏金融发展与经济增长方面，杨松（2009）发现，金融因素更能推动地区经济增长。财政因素在推动地区经济增长的过程中发挥的作用不如金融因素大，很大原因是投资在基本建设支出、企业挖潜改造资金、科技三项费用和农业支出的部分占固定资产投资总额的比例较低。丁业现（2011）主张人均可支配收入和银行贷款以及地方财政支出都对西藏经济增长具有显著的促进作用，但是其论文计量模型存在严重的内生性问题。贺冰姿（2013）提出，西藏金融发展对本地经济发展有较强的促进作用。当地金融发展一定程度上能够带动西藏经济发展，但是西藏经济的增长却无法促进金融的发展。侯霞（2014）认为，银行业对经济增长之间明显处于"需求遵从"地位；银行业发展对西藏经济增长的促进缺乏效率。唐雨虹（2015）指出，西藏金融发展对经济增长始终具有正向促进作用，而西藏经济增长反作用于金融发展却具有滞后效应。巩艳红（2016）指出，相较于财政扶持，金融规模发展对经济增长的正向激励作用要更强，而且随着金融规模的扩大，西藏地方经济发展对财政扶持的依赖会逐渐减弱；西藏金融发展规模扩张不具有内生性，需要借助外部力量来推动；西藏金融业对资源的配置能力相对较弱，其对经济发展的积极作用还没有显现出来。曾维莲（2016）指出，农村金融发展与农村经济增长之间存在相互促进的关系，但是农村金融对农村经济的影响作用有限。

此外，第一部系统地研究和分析西藏农村相对贫困问题的学术专著《西藏的贫困与反贫困问题研究》（罗绒战堆，2002），对西藏农村，特别是西藏自治区林周县的春堆乡和墨竹工卡县的扎雪乡两个典型个案进行了多年不间断的观察和调查。

2.4 其他相关理论

财政贴息研究涉及的知识面较宽、范围较广，除了财政学和金融学相关理论，还涉及多学科交叉领域，因此除以上理论外，本书也不可避免地涉及一些其他学科领域的理论和方法论，总结起来主要包括以下几个方面。

二元经济学理论。"二元论"（Dualism）的概念最早属于哲学范畴，其观点自古希腊就存在，柏拉图主张世界有意识和物质两个独立本原的哲学学说，强调物质和精神是同等公平地存在的，认为世界的本原是意识和物质两个实体，二元论坚持意识离开物质而独立存在，它和一元论相对立。哲学史上典型的二元论者是 17 世纪法国哲学家 R. 笛卡尔，他认为，意识和物质是两种绝对不同的实体，意识的本质在于思想，物质的本质在于广袤；物质不能思想，意识不会广袤；二者彼此完全独立，不能由一个决定或派生另一个。而将二元论引入经济学研究最早是由伯克（Booke，1933）在对印度尼西亚社会经济的研究中提出的，其把该国经济和社会划分为传统部门和现代化的资本主义部门。伯克认为"二元经济"指发展中国家的经济是由两个不同的经济部门组成，一是传统部门，二是现代部门。传统部门是指自给自足的农业及简单的、零星的商业、服务业，劳动生产率很低，边际劳动生产率接近零甚至小于零，非熟练劳动的工资极低，在该部门存在大量的隐蔽性失业，但容纳着发展中国家的绝大部分劳动力。现代部门是指技术较先进的工矿业、制造业、近代商业、服务业、容纳的就业劳动力较少，劳动生产率较高，工资水平较高，在传统部门的工资之上。随后，各国发展经济学家、现代化理论家、区域科学家，系统地丰富、深化、完善了二元结构特别是二元经济结构的概念和理论。大体上构建了五大研究流派或理论模型，如工业化带动论、产业结构转变论、现代要素引入论、诱导技术变迁论、中心与边缘论等。

William Arthur Lewis[①] 集中研究了二元经济结构问题，提出了工业化带动论。他认为发展中国家存在两大经济部门，工业发展的现代部门和维持生计的传统部门。两大部门的主要差异，表现在五个方面。其一，资本运用完全不同。现代部门使用再生产性资本，而传统部门不使用再生产性资本。其二，生产方式完全不同。现代部门采用机器大工业的生产方式，而传统部门采用手工劳动。其三，生产规模完全不同。现代部门生产规模较大，而传统部门生产规模较小。其四，生产率完全不同。现代部门因为生产规模较大，又使用再生产性资本，遵循规模报酬递增规律，而传统部门因为生产规模较小，又不使用再生产性资本，受到土地规模报酬递减规律的约束。其五，收入水平完全不同。现代部门生产率较高，因此收入水平较高，其中产出的一部分可以用于积累和扩大再生产，而传统部门生产率较低，因此收入水平较低，产出仅够维持生存。在刘易斯看来，二元经济发展的核心问题，是传统部门的剩余劳动力向现代工业部门和其他部门转移。现代部门扩张，通过提供就业机会、分享物质设施、传播现代思想和制度、相互贸易等途径，即使传统

---

① 威廉·阿瑟·刘易斯（William Arthur Lewis），1915 年 1 月 23 日出生，经济学家，作家，教授。在经济发展方面作出了开创性研究，深入研究了发展中国家在发展经济中应特别考虑的问题，提出了用于解释发展中国家经济问题的著名的"二元"模式，获得诺贝尔经济学奖。

部门剩余劳动力转移，又使传统部门获益并且得以改造更新而转化为现代部门，也使现代部门促成再生产性资本的进一步增长、生产规模的进一步扩大、生产率和收入水平的进一步提高。以现代部门扩张为主，现代部门和传统部门互联互动并且循环往复，不仅推动和促进了二元经济转变为一元经济，而且推动和促进了不发达经济转变为发达经济。

美国经济学家、世界银行经济顾问 Hollis B. Chenery 调查研究了101 个发达国家和发展中国家或地区的二元经济结构问题，提出了产业结构转变论。他认为经济发展就是经济结构的成功转变。经济结构成功转变的基本内容就是传统农业主导的经济结构，由于市场需要的变化，在城市工业化和农村工业化的工业化过程中，发生资金投入、生产技术、资源配置的变化，从而转变为现代工业主导的经济结构。经济结构转变的整个过程，经历逐步推进的三个阶段。在经济结构转变启动的第一阶段，由于人们最终需求中食物消费的需要最多和最大，整个社会主要依赖农业提供初级产品。从国际贸易的需要来说，也是这样，比较优势在初级产品的生产方面。随着经济的发展、收入的增加、生活的改善，总消费中食物消费份额下降的恩格尔定律显现出来。无论国内消费需要，还是国际贸易需要，都转向了工业制成品。现代城市工业应运兴起，传统农村农业处于发展缓慢乃至停滞的状态。在经济结构迅速转变的第二阶段，由于工业制成品市场需要的激励，资金、劳动力等生产要素资源从生产率较低的传统农业部门和其他部门，迅速流向生产率较高的现代工业部门，现代生产技术也在现代工业部门和其他部门迅速发展起来。在经济结构转变完成的第三阶段，传统农村农业实现了现代化的改造和发展，现代农业部门从生产率低速增长部门转变为生产率增长速度较高部门，缩小了同现代工业部门和其他部门的生产率差距。二元经济结构转变为一元经济结构，经济不发达状态转变为经济发达状态。在钱纳里看来，发展中国家的资源转移和再配置，同发达国家相比是更加重要的增长因素。因为发展中国家二元经济结构更加突出，市场需要和要素市场的变化幅度更大，产业结构和经济结构的转变余地也就更大。

美国经济学家、诺贝尔经济学奖获得者 Theodore W. Schultz 比较研究了发达国家和发展中国家的工业化和现代化进程及其现代生产要素的引入和配置，提出了现代要素引入论。他认为，二元经济结构的转变，关键在于传统农业的现代化。传统农业的现代化，关键在于增加农业的现代生产要素引入，并且合理地配置。农业的现代生产要素，就是适合贫穷农村和落后农业的既有利又有效的现代农业科技。合理配置农业的现代生产要素，就是农民不仅愿意接受和采用现代生产要素，而且必须懂得如何最好地使用现代生产要素，必须学习新的有用知识和新的有用技能。

在诺贝尔经济学奖获得者刘易斯二元经济理论基础上，孙勇（1991）在《西藏：非典型二元结构下的发展改革——新视角讨论与报告》一书中指出：现代工业的出现使西藏的经济社会中形成了两种结构不同的经济部门，一个是生产技术相对先进，劳动生产率较高，人均产值比较可观的现代部门；另一个是在这几个方面都落后于现代部门的传统农（牧）业部门。与我国西部各省区相比，西藏的这两个部门之间很少沟通，不仅二者涨落的相关性很小，而且对同一区域社会的贡献彼此分割，文化观念、生产方式等也相差较远。狄方耀（2008）提出，西藏经济结构已经从"非典型"过渡到"较为典型"的二元经济结构的结论。许建生（2009）在孙勇研究的基础上，提出西藏双重二元化结构，既具有社会运行机制的二元性，又具有经济结构的二元性，指出与全国及西部省区相比，西藏的双重二元结构的二元性又显然都是非典型的，并认为这构成了发展与改革的现实基础，西藏的一切发展与改革都要受其制约及影响。

"中心与边缘论"是解释区域空间演变模式的理论。由美国地理学家 J. 弗里德曼于 1966 年提出。弗里德曼根据对拉丁美洲国家的区域发展演变特征的研究，以及 K. G. 米达尔和 A. O. 希施曼等有关"核心—

边缘"模式的著作，试图阐明一个区域如何由互不关联、孤立发展，变成发展不平衡，又由极不平衡发展，变为相互关联的平衡发展的区域系统。对于西藏来讲"中心与边缘"理论，西藏在我国的政治结构上是一个区域性概念，作为国家的一部分，它同时也是一个直接面对经济社会发展现实问题并承担具体的细化、执行、调整职能的实践区域，它本身就是社会。经济发展特别是财政金融活动是一种被理解为中心的阐释性实践活动，经济发展是解决具体问题的，而具体的问题是在具体的语言环境中被解决的，解决不同于决定，决定是单方面的，而发展是经济主体之间信息交换行为互动的结果。经济发展研究具有解释现象导向性，要达到解释现象的结果，就需要实践活动的互动与调整。科学研究不是写出来的而是实践活动的结果，是自下而上的一种归纳演绎和推广，因此地方的经济发展实践就是我们最应该关注和研究的对象。区域经济研究中很重要的一点是设计国家经济发展建设的多重观念转换。首先要从国家制定经济政策的观念转化为社会生成经济的观念，基础决定上层面，这一观念更符合马克思主义的经济观点。其次要把国家经济发展建设实践从以经济政策制定为中心向经济实践为重点转化，地方在其中具有决定成败的关键作用。

人类学与社会学相关理论。经济学关注宏观的经济结构，社会学关心社会结构，经济学在研究经济问题时一般缺乏文化社会结构这样的人类学与社会学宏观视角，而传统的人类学与社会学很少研究企业之类的现代组织。在人类学与社会学的整体论基础上，本书试图运用发展经济学结构框架，去分析民族地区的现代转型和改革发展。比如，本书尝试使用"二元经济""动态随机一般均衡"这些相对较新的概念，来分析传统语境中民族地区的现状和发展前景，试图将宏观的经济社会结构与具体的单个老字号民族地区这两者有机地结合起来。基于现行的经济学分析范式结构，分析老字号民族地区的现代转型，是以往人类学与民族学的学术传统中比较少见的。伴随西藏改革发展经济社会结构的巨大变迁，很多东西人类学与民族学研究范畴作为"传统—现代"的联合体也发生了巨大的现代化转型，关注着两者之间的关系和转型过程，也是对人类学与民族学发展趋势的一个探索。

本书在实证方法上采取了 DSGE 相关理论。众所周知，具有新凯恩斯（New Keynesian）主义的特征的动态随机一般均衡模型（DSGE）在宏观经济研究中的使用日益广泛，已经成为当前国际上宏观经济波动和相关政策效应分析的主流方法。DSGE 模型以微观和宏观经济理论为其建模依据，采用拉格朗日最优化方法研究各行为主体的最优决策行为，即家庭最大化效用函数得出其行为方程，厂商最大化利润函数得出其行为方程，同时，DSGE 模型中通常还包括政府政策部门的行为决策。DSGE 模型中各行为主体进行决策时不仅须考虑其行为的当期影响，还要考虑其行为的后续影响。此外，现实经济中存在许多不确定性因素，因此，DSGE 模型中引入了外生随机冲击，并且外生随机冲击与行为主体的决策共同构成了 DSGE 模型的动态过程。由于 DSGE 模型是在不确定性条件下对行为主体的决策行为、行为方程中的结构参数、冲击的设定和识别进行了详细描述，这就避免了"卢卡斯批判"关于传统政策分析没有充分考虑到政策变动对人们预期的影响的缺点。DSGE 模型考虑了经济体中各行为主体间的相互作用和影响，是在一般均衡框架下考察各行为主体的最优决策。

Kydland 和 Prescott（1982）提出了真实经济周期（Real Business Cycle，RBC）模型，并引入外生随机冲击，这篇文献具有深远的影响，被认为是 DSGE 模型的起源。该模型假定市场总是处于完全出清状态，价格可以快速和灵活的调整，但是，这与实际经济状况不相符，同时，RBC 理论中缺少货币因素。因此受到众多经济学家的批判。自 20 世纪 90 年代开始，西方学者开始尝试把凯恩斯经济元素引入基于 RBC 理论的 DSGE 模型中，即不完全竞争市场和价格刚性，这就使 DSGE 模型具备了传统凯恩斯理论的特性，新模型被称为新凯恩斯 DSGE 模型。Yun

（1996）把垄断竞争市场和价格黏性引入基于 RBC 理论的 DSGE 模型中，从而开始在新凯恩斯 DSGE 模型的分析框架下研究宏观经济问题。随后，Gali（1999）又在 Yun（1996）的研究基础上引入生产技术冲击，这样就可以更加准确地描述实际的经济状况。

在当前最新的研究中，Fernald、Spiegel 和 Swanson（2014）在 FA-VAR 模型中研究了中国货币政策的有效性，认为中国货币政策的传导机制已经越来越接近西方的市场经济，央行基准利率的变化对宏观经济能产生更大的影响。然而该研究缺乏微观基础，不是在一个 DSGE 框架来讨论货币政策的有效性。另外，Zhang（2009）通过构建一个 DSGE 模型，比较了中国货币政策的数量（货币供给）规则和价格（利率）规则，认为价格规则对宏观经济更能发挥稳定作用，但 Zhang（2009）的模型没有考虑中国经济预算软约束企业与预算约束企业之间的异质性。在新凯恩斯 DSGE 模型分析框架中，如 Christiano、Eichenbaum 和 Evans（2005），以及 Smets 和 Wouters（2007）等研究，引入了经济中的许多摩擦（如名义价格刚性、名义工资刚性和可变的资本利用率等），但当分析经济中的一些机制时，这将大大增加模型的复杂性，且对结论并没有太大的帮助。比如，考虑企业的异质性时，价格加总后的菲利普斯曲线的复杂性将大大增加。正如 Gertler 和 Kiyotaki（2010）在《货币经济学手册》（第三卷）中所指出的，消费的习惯形成和资本调整成本这两个特征，就可以帮助刻画经济变量的数量特征。另外，Kiyotaki 和 Moore（1997）［以下简称 KM（1997）］通过构建借贷关系的动态随机一般均衡模型来分析信贷摩擦对经济的影响，这一框架后来被广泛应用于多个领域的研究，如 Iacoviello（2005）用其来分析住房价格对经济的影响，Cúrdia 和 Woodford（2010）用其来分析信贷差价对经济的影响，Liu、Wang 和 Zha（2013）用其来分析土地价格对宏观经济的影响。

DSGE 模型的特点在于通过微观经济主体的行为进行加总，描述宏观整体经济，进而分析在各部门最优决策前提下，宏观政策对整体经济的影响。Kiyotaki 和 Moore（1997）框架开创性地将借贷关系刻画进DSGE 模型，为本书描述信贷资源从金融中介流向企业部门提供了具有重要借鉴意义的基础。但其框架建立在西方发达国家完备市场背景下，并未考虑预算软约束部门在国民经济中存在重要影响的情况。结合西藏预算软约束为国民经济重要组成部分的实际，要用 DSGE 模型分析货币政策对整体经济的影响，不可避免地要将预算软约束企业和预算约束企业的异质性特征描述进模型之中。基于这样的考虑，本书拟在 KM（Kiyotaki 和 Moore，1997）的基础上拓展出一个包含预算软约束企业对利率不敏感、"资金饥渴"和"投资饥渴"，资金市场和劳动力市场二元化等特征的 DSGE 模型，对财政贴息政策在经济发展不同阶段中的有效性进行分析。

综上所述，本书研究借鉴了国内外大量的财政金融贴息方面的文献，发现其中有些问题是国外特有的，有些问题是我国特有，有些问题又是西藏特有的，但又有所不同，以财政贴息作为一个例子，如果说财政贴息政策是西藏特有的当然不符合实际，因为在我们国家甚至许多发展中国家，许多社会主义国家都有财政贴息的政策。如果说财政贴息是社会主义国家和发展中国家所特有的，那也不符合事实，因为经济发达国家也有部分财政贴息的政策，如欧美等发达国家针对大学生的低息贷款，但是如果要说财政贴息在世界各国都是一样的，那也不完全准确。因为在不同的国家不同的地区财政贴息的规模、时间、成因和影响等并不相同，普遍性存在于特殊性之中，共性寓于个性之中。更广泛地来看，财政贴息并非唯一的例子，许多财政补贴的问题，如国际对非援助、中央财政转移支付、支农补贴等无一不是各个地区有共性但又有特性。因此，最好的做法是立足于中国的现实，聚焦西藏样本，吸取国内外的先进思想和有用的经验，去粗取精、去伪存善，要切实从经济运行的微观基础中积累成果，形成一套有效的财政贴息理论体系。总的来讲，财政贴息要创造条件，使市场提高效率和效益起到良性而不是非良性的作用，这是财政贴息理论研究的一个重要内容。学术界关于财政贴息有两种观点：一是坚决地、尽快地取消各种财政贴息，哪怕物价、工资、运费、租金、银行盈利能力、资产质量波动，终究会得到一个比较合理的资金价格市场机制。二是在金融有效供给不足情况下，如果贸然取消贷款贴息政策，只会带来金融市场混乱和经济秩序破坏，甚至导致社会不稳定。但两者的共识在于现实层面财政贴息改革只能创造条件，等待时间，在此期间，财政贴息不仅不可避免，而且实际上是政府调控经济的一个重要手段。但等待的是什么样的条件呢？金融市场发展成熟、金融有效供给不足得到改善？产业部门农业部门劳动生产率和经济效率提高？政府财力的充裕、国民收入分配逐渐宽松？然而问题在于，在金融抑制的财政贴息只增不减的情况下，上述条件又如何实现呢？

3 财政贴息政策的国内外实践经验及理论分析

通过上一章对财政贴息相关理论综述可以发现，财政贴息研究不仅涉及的知识面较广，而且其政策对现实经济生产活动有着较为显著的影响。因此，本章首先研究了财政贴息政策在国内外的实践情况和经验，总结其规律及启示。进而在理论层面通过对财政贴息政策下各经济主体的生产和消费行为分析，阐明了财政贴息政策对经济影响的微观作用机制。

3.1 财政贴息政策国际经验

财政贴息作为一种政府转移支付的调控手段被国内外政府和民间组织广泛运用于经济社会建设的各个领域。其中应用最为广泛的是农业领域，可以说财政贴息政策从出生之日起使命就是支农、扶农。我们知道，农业需要投入大量的资金，而且也要承担更高的风险，但是最终得到的经济效益并不高。为促进农业发展，满足大众对农产品的日常需求，全球各个国家都为之提供了各种保护以及扶持政策，制定了与农业发展有关的优惠扶持政策。整体上讲，使用财政资源引导商业信贷资源的科学配置，在一定程度上解决了农业发展资金缺少的问题。

自 1947 年 7 月美国启动"马歇尔计划"首次对西欧各国发放优惠利率贷款以来，财政贴息作为政府财政补贴的一种形式被全球各国广泛运用于经济社会建设的各个领域。[①] 世界银行（WB）从 20 世纪中期到 20 世纪 80 年代总共支付了 160 亿美元的捐款。上述捐款可以让从事信贷计划的部门获得更多的可贷金额。联合国粮农组织利用科技援助、实地调查、培育会议以及有关国际会议来促进农村信贷的普及。同时也在一定程度上协助建设区域性农业信贷组织。20 世纪中期，众多原殖民地国家开始宣告独立，促进国内社会经济发展，但是，上述国家的经济发展水平不高，大部分都存在农业技术水平低、农民人数多且贫困、地区经济落后等问题。那个时候成为主流理论的农业补贴信贷范式认为：限制地区经济进步的主要因素是农民贫困、缺少资源，且因为农业的产业属性（经济效益无法确定、投资周期久、经济效益不高等），他们无法成为以经济效益为目标的商业银行的贷款用户，他们要想从非正式金融系统中得到资金需要付出更大的代价，所以在一定程度上提高了发展成本。因此，要给予农村更多的扶持资金，且创建不以盈利为目标的金融部门来分配资金。基于上述情况，政府需要将大额低息资金利用银行等渠道传送给农村，推动以贫困农民为主体的贷款活动。农业补贴信贷的执行和贯彻，一般使用下述方式：第一，利用中央银行的再贴现渠道，面对特殊人群、区域或项目，政府或世界援助部门的资金通过较低的利率给予金融部门，如农业银行或者商业银行；第二，上述银行利用农村分支组织或者合作部门等，以政府要求的利率（一般很低）把资金贷给目标群体。贷款时间短暂且用途相对固定，一般不能随便更改，如农业生产物料的购买。20 世纪 90 年代以前的很长时间内，在巴西、印度、印度尼西亚、墨西哥等众多国家，指令性贷款项目是促进农业发展的关键方式。

美国国际开发署（USAID）在 20 世纪中期筹备众多农业信贷活动，60 年代不断扩大覆盖范围。在之后的三十多年时间内，该组织为增加

---

① 西绕甲措. 财政贴息政策一定有效吗？［J］. 清华金融评论，2018（12）.

农民对领先科技的投入而制订了完善的信贷计划，综合资金投入高于10 亿美元，此外大部分资金都投放在 1962 年到 1972 年这段时间，总共是 6 亿美元。美国政府为农业发展提供的优惠贷款，由各个地区内的金融组织按照一定标准下发，但是对于部分农业人员以及组织的资金需求，国家有关部门要降低利息且为他们提供一定的担保。优惠贷款的资金大部分源自政府给予的资本金、预算拨款、周转资金等，该国家此类资金的发放主体较多，其中农业组织为符合要求的人员或者组织提供所需资金，一般包含两部分贷款类型，都和农业发展人员或机构有关。[①]美国农业优惠贷款的下发范围一般是：刚开始开展农牧业生产活动，然而因为缺少充足的财力、按照商业标准无法从银行以及其余社会组织获得贷款的；因为自然灾害造成财务问题的；规模不大且无法维持正常经营的。贷款主要用来买入土地、牲畜、设施、原料等，此外也用来建设房屋，或者把资金投放到其他可以提高综合生产效率的活动中。贷款类型通常包含与农场组织以及人员相关的各种类型，并且优惠贷款的利率、时间和额度内容都有清楚的要求。这样的贷款利率并不高，且时间要求更加宽松，主要参考资金发放以及行业发展状况进行合理调节，且规定了最高利率以及最长时间，要求相对宽松；具体额度主要参考各种现实情况确定最高额度，但同时最高限额也会根据市场经济发展等现实情况作出相应的调节。在贷款对借款人的激励影响上，农场服务局在下发优惠贷款时理论上使用市场方式来激发他们的自主性。第一，需要抵押或其他组织担保，如农场主直接贷款通常需要提供 1.5 倍的担保，最少也需要超过所贷数额；第二，追踪监测借贷者是否按时实施发展计划，要求他们实时更新个人资产情况，且自主配合有关组织的检查；第三，需要他们在可以正常借贷以及归还债款的时候到商业银行办理相关

---

① 美国农业部（USDA）及其所属的农场服务局（FSA）在各个地区农业组织内设置相似部门。此类组织的核心责任是贯彻和实施政府制定的众多发展规划和战略，为更多的农民提供技术、数据以及资金资源等支持。

业务；第四，对于发展经验充足，且可以得到一定商业贷款的借贷者，给予他们更低的利率以及更长的期限，放宽要求。

德国的农业贷款贴息实践。德国农业生产总值仅仅占据全国生产总值的1%，即便所占比值不高，但其农业贷款占据金融领域贷款总额的2.5%，基本上全部金融机构都推出了与之相关的农业贷款服务。与之相关的贴息数额大部分需要根据项目情况来明确。此外，联邦政府提供的所有投资费用由财政支出；州政府作出的投资也要让财政支出；部分项目可参考要求让不同级别的财政组织共同支出。在国家有关政策以及理念引导下，农民实际贷款利息通常低于3%。在部分州，利息补贴是扶持农业发展中的关键部分。如布兰登堡州在20世纪末期为促进农业发展而拿出的补助金额超过一亿欧元，大概占据该地区支农金额的15%。在具体的补贴对象上，德国联邦政府对此类贷款的补贴范围比较宽泛，包含全部种植业、相关生产原料、制造、基础设备、土地改善以及恢复、自然环保、旅游和建设新公司等。贴息方针核心内容为：规定贷款最高利率额度或减少金融组织的利率，为参加进来的金融部门提供相应的扶持，实施利息补助或降低存款准备金缴存比例。优惠贷款的下发方式主要是利用州立银行下发，州立银行主要职责是帮助政府部门控制财政资支出以及制定预算，为政府开发的包含重大农业活动、地区发展和环保事业等提供贷款、贴息乃至资金，让国家提供长久的低息贷款。德国所有农业贷款贴息资金的监管以及发放工作主要由国内两家主要的政策性银行负责。同时，贷款银行也需要调整不同地区之间的贷款资金，通过较低的利率确保此类补贴资金流入农民手中。此外，农村地产抵押银行还推出了种养业、青年农民、村镇整治以及区域调整等独特的项目。德国优惠贷款利率和正常水平相比低0.1~1个百分点，时间通常超过四年，最久是二十五年，实际利率不会超过5%，政府贴息比例最多是35%，并且限制单个借贷者每年最多得到1.75万欧元的贴息补助。在贴息贷款的风险控制方面，此类贷款的承贷部门对贷款者进行全面审核，主要查看其是否具备资质，监督还贷情况，并要求借贷者在办理抵押贷款手续时上交具备可执行性的发展计划，假如借贷者没有根据上交的计划实施生产经营活动或停滞不前，就要马上归还所贷资金。同时，德国完善的农业保险系统也在一定程度上弱化了其信贷风险，为普通信贷资源进入农村奠定了良好的基础。另外不只在农业，德国也在一定程度上扶持绿色信贷的发展。德国政府对环保、节能工程提供相应的补助，对于环保节能效果较好的项目，可以适当延迟还款时间，或者降低利率，有关补助资金也由政府提供。

法国农业贷款贴息资金一般来自政府机构。法国政府对达到政策要求的农业贷款给予更低的利息优惠，其中因利息不同产生的差值由政府弥补，上述资金主要由农业部门从年度预算中支取。法国利用降低贷款利率、补助贷款利息，持续激励农业领域增加投入，提高国内银行对农业贷款的积极性。贴息贷款的用途、时间以及数量都需要农业部门基于现实发展情况以及普通信贷要求来明确，且适时调节贴息贷款的发放群体以及具体补助比值。在贴息资金发放渠道的选择上，法国政府根据不同单位贴息贷款的利率招投标，按照市场化竞争方式由不同银行之间竞争贷款资格，竞标利率最低以及和之前贴息贷款服务水平高的银行获得相应的贴息贷款发放资质。

农业贴息贷款一般用来支持年轻人进入农业领域、购买基础设备、确保组织部门的正常运营、买入生产原料等。贴息贷款种类一般包含：青年农民贴息贷款，资金主要下发给建立家庭的年轻农民，帮助他们购买农业发展所需要的材料和设备；农业现代化特别贷款，主要目标是提升生产的现代化水平，促进农业转型和升级；养殖业特别贷款，主要目标是满足农民从事日常生产所需的相关资金需求，然而并不包含买入土地的资金；特别作物栽培贷款，主要目标是满足农民各种栽种以及作物种植、普通园艺等相关农业项目的发展需求；公用农业生产资料特别贷款，主要目标是满足各种社会有关组织买入、更新内部农业生产设备所需的资金要求；农业灾害特别贷款，此部分贷款主要目标是为承受自然灾害的民众提供帮助，减小其经济压力，协助他们尽早恢复原本的生活，确保顺利生产；保证金贷款，贷款主要目标是弱化欧洲共同农业政策调节或者部分农业生产行业的风险对法国国内其他农民造成的消极作用（见图 3 - 1）。

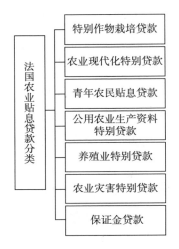

图 3 - 1　法国农业贴息贷款主要分类

在贴息贷款的适用细则上法国也有严苛的限制，如在贴息时间上，虽然贷款期限最长可以达到二十年甚至更长，但贴息政策仅是在特定时间年限内才能享受。例如，建设房屋、帮助年轻农民的贷款时间最久是二十五年，能享受贴息政策的时间仅仅是十年。在贴息率的设置上，借款人真实支付的利息一般是市场利率水平的 50%。此外，法国在贷款贴息政策与规则制度中都表现出对贫困区域的侧重与扶持，主要体现在以下几个方面。第一，对贫困区域贷款者的要求更少，标准更低；第二，给予贫困区域的扶持力度更高；第三，允许贫困区域的农民在长期内得到国家扶持；第四，给予贫困区域较高的优惠额度；第五，还款时限有所放宽。法国对借款人的激励约束和德国相似，相关承贷部门以及各区域的"地区农业和林业委员会"在发放资金之前需要核查申请者的相关信息和内容，在资金下发之后需要对资金应用状况开展全面审核以及评估，保证贷款活动的顺利进行，保证资金按时归还。此外，土地作为关键的抵押品在限制借款人行为以及分散风险方面都起到重要的作用。

3.2 财政贴息政策国内经验

国内主要实践情况。我国作为一个社会主义市场经济国家，长期以来在"三农"以及民生薄弱领域运用财政贴息政策，积累了较为丰富的发展经验。扶贫贴息贷款是国内最初出现的民生类贴息优惠政策，最初源自 1986 年，主要用来扶持农村贫困人群，帮助他们得到更好的生活。在 1992 年，根据上述贷款优惠政策，我国开始设置单独的康复扶贫贷款项目用于帮助残疾人日常生活和工作。2001 年，为践行《中国农村扶贫开发纲要（2001—2010 年）》，扶贫贴息贷款管理实施方式开始制定，要求农业银行发放贷款且开展严格的监管，因此每年具体的规划和战略需要由国务院扶贫办商财政部以及农业银行共同制定，然后发放给其他地区。政府扶贫组织主要提供此类贷款服务，农业银行在扶贫组织确定的具体范围内挑选合适的项目，按照 3% 的优惠利率发放优惠贷款。此优惠时限是一年，优惠利率和贷款基准利率间的差额通过财政部门组织把贴息资金发放给具体执行农业银行的方式进行弥补。2006 年 7 月，国务院制定《关于深化扶贫贴息贷款管理体制改革的通知》，对具体的管理运作制度进行修改以及试点，把贷款划分成到户以及项目贷款两部分，舍弃原本的补助方式，扩大管理权力且增加承办金融组织的类型。康复扶贫贷款管理制度变革和扶贫贴息贷款共同开展，且在 2011 年直接提升了贴息比值，项目贷款把年利率 3% 贴息调节成 5%，到户贷款调节成 7%。

民贸贷款贴息政策。民贸民品优惠利率办法在 1981 年执行之后，人民银行对民族贸易以及有关用品制造公司提供一定的贷款优惠，其中，对象一般是制造少数民族生活用品的公司，实行"自有资金、利润预留、成本补贴"的三项优惠方针。其中，中药材企业等，按照月息 3.3‰ 计算，随后 1987 年把上述优惠利率调节成月息 4.2‰，和一般利率水平相比低 2.4‰，同样由财政部门弥补上述贷款差额。1991 年开始调节优惠利率贷款的具体范围，一般使用在民族贸易县的商业、中药材（或者医药企业）、供销商以及新华书店的日常运营资金贷款，其中人民银行为农业银行下发此类贷款补助，主要按照年利率 2.88% 的标准。为了进一步让民族贸易与相关特需产品制造公司得到更大的优惠力度，1997 年我国开始延伸此类贷款以及民族用品制造贷款的具体覆盖群体，主要对中国工商银行、中国农业银行的此类贷款提供财政贴息，和一般一年期流动资金贷款利率相比更低，扶持力度较高，此类贷款利率一般不能上浮。得到扶持政策的公司，其利息优惠数额的 70% 左右成为公司运营流动资金。2003 年之后，我国开始把中国银行、中国建设银行添加到承贷金融系统内，让原本得到利率优惠的民族贸易企业在实施改制之后继续得到上述优惠，2005 年提出为工商银行与农业银行因部门撤并而分类到农村信用社的民族贸易与相关用品制造贷款给予相应的财政贴息优惠，2009 年 3 月开始添加中国农业发展银行、城市商业银行以及农村信用社，2012 年 9 月开始添加交通银行以及招商银行，农村信用社改制之后组建的农村合作银行和农村商业银行也获得了财政贴息贷款承贷资质，至此我国建立了完善且成熟的财政贴息承贷体系。①

就业贴息政策。伴随国有公司变革的持续加深，为解决我国下岗职员再就业难题，2002 年，人民银行和其他部门联合制定《下岗失业人员小额担保贷款管理办法》，其中清楚要求对开展微利活动的小额担保贷款由中央财政全部贴息（展期不贴息），且确定了可以得到优惠的微利活动，为下岗职员再就业寻找一定的资金基础。之后一系列政策以及

---

① 民贸贴息贷款承贷机构的演变脉络与西藏财政贴息贷款类似，由最初的农业银行逐步扩展到区内所有银行业机构。

监管方式也不断出台，就业贴息政策也不断完善。一是扩大贷款范畴，从原本的下岗职员扩大到复转军人以及城镇记录的失业者。二是制定全新的贷款管理系统，在有资质的区域利用公开招标模式确定负责的银行，通过市场运营方式取代原本模式。2008 年，人民银行联合其他部门下发《关于进一步改进小额担保贷款管理积极推动创业促就业的通知》，对个人下发的小额担保贷款利率在人民银行要求的基准利率上上浮 3%，最高贷款数额是五万元，对依靠人力资源的小公司贷款额度是二百万元。三是不断健全担保基金的风险补偿制度，优化担保基金的涨幅以及代偿数额，并从小额担保贷款贴息资金中拿出一定的资金进行弥补。2009 年，我国在下岗职员小额担保贷款政策的前提下也衍生出针对于妇女创业就业的贷款，对达到标准的城市以及农村妇女新发的担保贷款由我国财政根据情况进行全额贴息，此类贷款扶持政策属于衍生品，依照原本制定的下岗失业人员小额担保贷款利率，参考基准利率上浮 3%，且由财政资金负责全额贴息。值得我们关注的是为便于提升贷款真实应用效率，进一步避免以及管控各类风险，妇女小额贴息贷款的审核工作从原本的人社部门更改到妇联部门。

由于贴息贷款无偿性在客观上造成了资金价格的分割，因此必然伴随贴息套利的道德风险，在我国财政贴息实践过程中也出现了不少套取财政贴息资金并遭受行政处罚的案例。

西藏实践情况。长期以来，党中央、国务院十分重视和关心西藏工作，赋予了西藏以贴息政策为核心的优惠金融政策，自中央第三次西藏工作座谈会以来，明确了在西藏全面执行优惠贷款利率和利差补贴的金融政策。在中央第五次西藏工作座谈会后，明确提出加大对西藏特殊优惠金融政策的支持力度。2012 年财政部出台了对在藏金融机构利差补贴等相关规定细则，把西藏以财政贴息为核心的特殊优惠金融政策推向了高潮，为西藏经济社会跨越式发展提供了有力支撑。自 1951 年西藏和平解放以来，西藏以财政贴息为核心的金融政策实践演变大致经历了以下几个阶段，并表现出不同的阶段特征。

1951—1959 年特殊时期阶段。1951 年中央人民政府与西藏地方政府签署《十七条协议》，表明该地区顺利解放。党中央考虑到当时西藏的独特政治条件和独特的地理自然因素，借助特殊的经济金融政策来稳定和支持西藏社会的发展，其总的特点就是灵活机动，主要的目的就是巩固和稳定刚刚和平解放的西藏。

1959—1966 年不断改善阶段。在这个时期，中央全面调整了原本的金融方针，开始激发出银行的功能和效果，不断投入更多的扶持资金，使用较低的利息甚至没有利息的贷款，促进生产、扶持经济发展，获得民众的认可和称赞。1965 年我国政府出台了贷款免除政策，只要是 1961 年之前的贷款项目直接全部免除，对 1959 年之前还没有归还的 97 万元以及特定时期内的农业贷款全部豁免。该时期金融方针的良好成果，表明该地区社会主义金融行业全新发展时代的开启。

1966—1977 年特殊冲击时期。西藏地处边陲，金融业受"文化大革命"的影响较小，"文化大革命"期间西藏的金融事业工作主要是维护地区发展局势，扶持农牧业的正常稳定发展，金融行业的各类金融业务都有一定的增加，期间信贷市场呈现出平稳增长，大致维持了和谐发展。其间在中央的支持下，第二次报损免除九百多万元农业贷款，但其负面影响也不能忽视。

1978—1980 年改革开放初期的西藏金融恢复时期。党的十一届三中全会以后，党中央及时纠正"文化大革命"时期在西藏的政策。1978 年初期，建设银行在西藏地区的下属组织从财政厅财务处单独分割出来，当年全区的城乡储蓄额达 1.06 亿元，比上年增长 22.5%。1979 年 2 月，我国政府制定《关于恢复中国农业银行的通知》，西藏地区当地的人民银行和农业银行实施相同部门、相同人员、不同牌子的运营模式，在组织内部设置金融科，在部分支行设置金融股，由人民银行全权负责，全权核查，各地区分行都悬挂相同的农行牌子。

1980 年 3 月，第一次西藏工作座谈会在北京举行，此次会议坚持实事求是的思想路线，一切从西藏实际出发，从指导思想上拨乱反正，确定了接下来西藏的工作方向和政策方针，是继西藏和平解放、民主改革之后，一次具有重大意义的会议。第一次西藏工作座谈会结束后，同年 7 月 1 日，经过中国银行总行和自治区人民政府批准，成立了中国银行拉萨分行，和我国在该地区设置的外汇管理局合作，承担大部分监管任务。中行西藏分行自诞生那天起，就充分发挥了促进自治区经济社会发展的重要作用。

第二次西藏工作座谈会，于 1984 年 2—3 月召开，主要研究了进一步放宽经济政策让西藏人民尽快富裕起来的问题。会后持续扩张低息以及免息贷款范围，此外根据地区发展情况，确定与之相适应的贷款规模，重点扶持基础行业以及基础设施建设，主要扶持国有企业的发展。1986 年，西藏全面贯彻"改革、开放、搞活"的方针，进一步放宽金融政策。1987 年，西藏提出"五要五转向"的金融思想①，西藏金融业得到快速发展。

1994 年 7 月，党中央、国务院在北京召开第三次西藏工作座谈会，确定给予西藏财政、贸易、税费、教育、金融等众多扶持政策。人民银行总行按照上述会议提出的原则以及理念，制定了详细的政策办法，主要包括全面实行特殊优惠的财政贴息政策，西藏执行比全国平均水平低 2 个百分点的利率，其差额由中央补贴。具体方式实施利差返还政策，"谁贷款，谁受益"，即将贴息资金归还给发展能力高的企业，为企业未来发展提供充足的流动资金。同时还执行特殊的利差补贴计划，人民

---

① "五要五转向"指要从支持产品经济转向商品经济，支持群众治穷致富；要从支持纵向封闭式地方经济转向支持跨地区、跨部门的横向经济联合和补偿贸易；要从怕风险、不敢放贷转向树立正确的效益观念，加强可行性研究，坚持"三查"制度，大胆放贷；要从以贷款救助企业转向帮助企业挖掘自身潜力，提高经营效益，清仓利库，盘活占压资金，增强企业自筹资金能力；要从以国有企业为主的资金投向转向以集体和个体为主的资金投向。

银行为农行按照其贷款余额提供增加4%的特殊费用补贴，弥补执行优惠贷款利率而产生的亏损。

2001年第四次西藏工作座谈会和2010年召开的第五次西藏工作座谈会大体延续了给予西藏在财政、税收、金融等部分的扶持政策。明确继续实施贷款优惠利率的财政贴息政策，并不断扩大财政贴息政策执行银行至西藏所有银行业机构。同时，也明确了西藏执行1.08%的扶贫贴息贷款政策，其差额由中央补贴。

毫无疑问，在以财政贴息政策为核心的特殊优惠金融政策的支持下，西藏金融业取得了快速发展，有力地支持了地方经济发展。2017年末，西藏银行业金融机构营业网点664个，从业人员近万人，全年实现净利润89.1亿元。2017年末，西藏金融机构本外币各项存款余额为4959.1亿元，较1996年末增加4873.64亿元，增长57.02倍，21年期间年均增速21.33%；各项贷款余额4043.6亿元，较1996年末增长67.07倍，年均增速22.17%，远远高于全国同期贷款增速，为促进西藏经济发展提供了有力的资金支持①（见图3-2）。

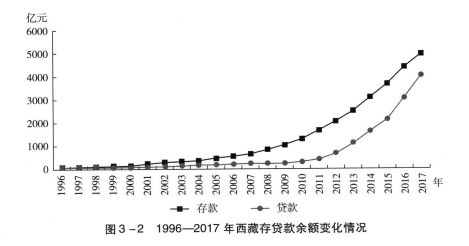

图3-2 1996—2017年西藏存贷款余额变化情况

---

① 《西藏自治区金融运行报告2018》，中国人民银行拉萨中心支行货币政策分析小组。

3.3 规律及启示

整理分析各国财政贴息贷款政策实践经验我们可以发现一些共同存在的问题及特征，通过对各国财政贴息实践中存在的共性问题进行分析就可以得出对下一步优化财政贴息政策的一些经验启示。

贴息贷款政策在各个国家的实施经验不同，但是基本都存在以下几点共性问题。一是政策目标瞄准漂移的问题。贴息贷款核心的问题是"目标瞄准"和"激励机制"。以扶贫贴息贷款为例，因为金融扶贫所针对的主体是具有想法、具有一定资质且具有还款实力的贫困户，上述种类的贫困户通常不是极端贫困，拥有一定的经济基础，而对于真正需要信贷资金支持的农牧户却又因为各方面资质条件不具备而难以获得贷款。因此，对于具有想法、发展积极性的农民，金融对资质较好的农户的喜好与对经济条件较差的农户的风险厌恶之间的矛盾是扶贫贴息贷款最难以克服的问题。同时，不仅是在个人信贷领域，对企业信贷主体来讲，由于资金的可获得性差异，财政贴息贷款实际上在国有企业与民营企业之间也存在严重的"精英捕获"问题。在两者的共同作用下，导致了城镇居民以及国有企业信贷资金可得性上的二元化割裂。

二是财政贴息贷款的可得性整体不高。以扶贫贴息贷款为例，其主要目标是协助小农户获得更多的低息贷款、减少综合费用。然而，很多发展中国家实践经验表明绝大部分贴息信贷项目都难以达到高覆盖率。由于资金发放过程违背农业发展的特点和需求，指定贷款的服务水平偏低以及贷款环节过于呆板、复杂等原因，现实的情况是即便提供了充足的贴息资金，可以得到贷款的人依旧不多。根据国外相关研究结果可知，20 世纪 70 年代，亚洲以及拉丁美洲大概有 15%、非洲只有 5% 的农民可以得到贷款，此外 5% 的借款者获得超过 80% 的资金（Donald，1976）。

三是财政贴息政策难以有效提高生产效率。从国内外的实践经验来看，财政贴息贷款也需要承担其他使命，如提升生产效率，但是实践情况表明效果并不好。即便贴息贷款政策可以在一定程度上促进产出的增多，但是低息信贷无法让不存在效益的投资得到高额效益，无法产生新型科技，也无法弱化产出的不稳定性，因此难以根本提高生产效率。贴息贷款是对信贷市场的一种人为干预，可能导致信贷市场的扭曲。对企业来讲，如果仅仅是财政贴息政策单方面作用，而不配合产业调整升级的政策，将从总体上弱化企业的财务约束，降低资金配置的效率，阻碍经济内生增长动力。同时，信贷贴息政策也会在一定程度上降低金融中介部门的综合效率，由于资金价格传导机制无法发挥效果，导致信贷资源分配不合理，从而限制地区经济内生增长动力的提高。因而也有一些研究和从业人员认为，贴息贷款政策属于代价高但是效益低的措施，无法获得原本设想的结果。

四是财政贴息政策无法有效替代民间融资。国内外实践经验还表明大部分国家贴息贷款项目无法替代高利贷等非正规融资，即便正规渠道贷款的利率更低，然而以高利息为主要特征的民间融资的占有率依然较高，甚至成为民营小微企业的主要融资方式。虽然在少数国家中由于贴息贷款的实施导致非正式贷款所占的比例有所降低，然而绝对数量依旧在稳步提高。分析高利贷并未被正规金融部门替代的主要原因有以下几点：首先是贴息贷款导致对顾客的逆向选择。也就是因为贴息贷款的目标群体定位不准确，导致信用高的农民可以轻松获得贴息贷款，但是贫穷的小农户难以甚至无法获得官方金融组织的贷款。其次是农村金融组织的成本效益问题。从国外的实践情况来看，由于贷款利率无法填补资金成本的亏损，导致农村金融组织对存款仅仅支付低于一般水平的储蓄利率，导致可贷资源缺少。因此，基本上全部国有农村金融组织都没有得到预期效果，大多部分农村金融组织要依赖外界资源，不然就不能确保正常运营和未来发展。

五是财政贴息政策存在寻租套利的道德风险。一方面由于贴息贷款资金利率低于市场贷款平均利率，助长了借贷者以及业内人员的寻租倾向，因此存在贴息贷款套利的问题。另一方面由于政府限制利率，对各类资金需求者也有一定的不公平对待问题，造成市场无序发展，因此出现了租金机会，导致存款人员、贷款人员以及中介机构的效益降低，也就是麦金农与肖提出的金融抑制问题。

六是贴息贷款政策对提高收入以及处理贫困问题上的效果并不好。因为其在目标群体的定位上存在问题，因此造成贷款政策在提高效益、处理贫困问题上无法发挥效果。以扶贫贴息贷款为例，得到贷款的农民在本地依旧是资产较多较为富裕的农民，因为他们的信用更好。由于利息补贴和贷款额成正比，因此，获得贷款更多也就意味着获得的补贴就更多。而原本贫穷的农民得到贷款的可能性不高，所以获得的补贴也相对较少。因此资本要素不足的现象并未因为贴息贷款政策的执行而得到改善，农民效益并未出现较大幅度的提高。同时，贴息贷款对于农村基础设施不足，城乡公共服务以及教育医疗资源差距的问题没有较大的改善，也无法产生更多的发展市场，因此长久来看，依靠贴息贷款单一手段无法全面解决农村贫困问题。

正是由于财政贴息政策在实践中存在上述的一系列问题，专家与学者开始反思并改革传统财政贴息的金融执行机制以及相关系统，主要体现在以下几个方面。一是贴息贷款的小额信贷化趋势。20 世纪 80 年代之后，小额信贷开始在大部分发展水平不高的国家中产生，且得到了良好的发展。效果相对突出的是泰国农业和农村合作银行（BAAC）、印度尼西亚的乡村银行（BRI）等部门。二是贴息贷款的互助化转轨趋势。由于执行低利率的要求造成金融部门过度依靠外界资金，传统商业银行与农业发展银行作为核心金融部门的贴息贷款资金源自政府以及社会捐赠部门，忽视了地区储蓄资源。此外传统贴息贷款机制对贷款归还缺少制度保障，导致贷款到期之后存在无法按时归还的情况。由于贴息贷款尤其是扶贫贴息贷款的潜在政策对象一般是普通农民，利用合作组织监管有助于保证贴息贷款资源的正常使用，有助于贴息政策的长期良性发展。三是政策运作模式体现出市场化趋势。传统的贴息政策要求按照固定的利率执行，近几年的实践经验表明建立在市场化基础上的贴息更有利于提高效率。信贷资金的使用范围也不仅局限于生产过程中，消费或地区非农公司贷款也被鼓励。四是更加注重提升贫困群体经济水平。扶贫贴息贷款的政策范围持续延伸、政策扶持力度持续提高，不仅需要关注金融资本对经济效益的追求，对富裕群体的侧重，也需要照顾对贫困人群特别是特困人群的扶持，确保财政资源被高效且合理的使用。在兼顾具有发展实力以及积极性的扶贫对象的同时更加注重经济条件较差的人群。

3.4　财政贴息政策理论分析

通过本章前三节的讨论可以看出，国内外财政贴息政策在实践过程中都或多或少地表现出一些共同的特征和规律，在前文相关规律总结和启示分析的基础上，本节尝试从财政贴息政策的宏观经济内部传导机制进行理论分析和研究。我们知道，宏观经济体作为一个极为复杂的系统，其内部结构也是极为庞杂的，存在一种结构就相应存在一种数量关系，因而一个宏观经济体内部的数量关系不可胜数。全面讨论这些结构及比例关系可能失之琐碎，对于本章的分析目的来说，似乎也没有必要。因此，本节重点考察财政贴息政策影响宏观经济的两种最主要的结构，即消费结构和生产结构，从微观经济作用机制角度出发研究财政贴息政策是如何影响宏观经济结构，进而通过这一研究，揭示出财政贴息政策对宏观经济影响的内在理论机理，为第4章实证模型的建立奠定基础。

为简略说明财政贴息政策的直观经济含义，我们这里将使用经典凯恩斯（Old Keynesian）中的 IS—LM 模型与新凯恩斯（New Keynesian）中的 NKIS—NKPC 模型分析贴息政策的短期效应与中长期效应。但值得指出的是，此处只为说明政策的直观经济含义与效应，故采用简约型

（Reduced Form）框架，更具体地分析将在后文完整一般均衡框架中展示，相应的政策短期、中长期效应也由福利分析的短期福利波动与中长期福利水平进行刻画。

3.4.1　IS – LM 框架下贴息政策的短期效应

假设经济中需求侧由以下方程进行刻画

$$Y_t = C_t + I_t + G_t \tag{3-1}$$

$$C_t = c_0 + c_y(Y_t - T_t) \tag{3-2}$$

$$I_t = d_0 - d_r r_t \tag{3-3}$$

式中，Y_t 为产出，C_t 为消费，I_t 为投资，G_t 为政策购买或支出。式（3-1）表示社会资源约束条件，即市场出清条件，指产出等于消费加投资加政府购买。式（3-2）表示消费的需求方程，其中，c_0 为固定消费，c_y 为边际消费倾向，故式（3-2）表明，社会消费需求量等价于固定消费外加实际产出中的消费倾向比例。与此类似，式（3-3）为社会投资方程，其中，d_0 为固定投资量，d_r 为投资对利率反映的边际量，其经济含义与式（3-2）类似，此处不再赘述。

现在，将式（3-1）、式（3-2）和式（3-3）进行联立，得到

$$Y_t = \left[c_0 + c_y(Y_t - T_t) \right] + (d_0 - d_r r_t) + G_t$$

对上式进一步整理，我们可以获得经典凯恩斯框架下的 IS 曲线为

$$Y_t = \frac{c_0 + d_0}{1 - c_y} - \frac{d_r}{1 - c_y} r_t + \frac{1}{1 - c_y} G_t - \frac{c_y}{1 - c_y} T_t \tag{3-4}$$

式（3-4）中，$\dfrac{c_0 + d_0}{1 - c_y}$ 为 IS 曲线截距，$-\dfrac{d_r}{1 - c_y}$、$\dfrac{1}{1 - c_y}$、$-\dfrac{c_y}{1 - c_y}$ 分别为产出对利率、政府支出、税收的斜率。我们假设财政针对贷款利率进行贴息，即贷款利率降低同时降低主体税收，或增加主体退税，令式（3-4）中产出 Y_t 分别对利率 r_t 与税收 T_t 求导，得到

$$\frac{\partial Y_t}{\partial r_t} = -\frac{d_r}{1 - c_y}, \quad \frac{\partial Y_t}{\partial T_t} = -\frac{c_y}{1 - c_y}$$

容易推知 d_r 和 $c_y > 0$，且 d_r 和 $c_y \in (0,1)$，故 $\partial Y_t / \partial r_t < 0$，$\partial Y_t / \partial T_t < 0$，意指贴息政策实施时，产出受到贷款利率降低与税收降低的影响而显著提升，产出水平最终增加，体现为 IS 曲线向右上平移。现在我们给出 LM 曲线的推导。给定货币需求满足

$$\frac{M_t}{P_t} = M_0 + L_y Y_t - L_r r_t$$

其中，$\dfrac{M_t}{P_t}$ 为实际货币余额，M_0 为固定货币需求量，L_y、L_r 为货币需求对产出以及利率的反应系数。将上式进一步整理，我们得到 LM 曲线如下

$$Y_t = \frac{1}{L_y}\left(\frac{M_t}{P_t} - M_0\right) + \frac{L_t}{L_y} r_t \qquad (3-5)$$

同样，利用产出对利率求导得到

$$\frac{\partial Y_t}{\partial r_t} = \frac{L_t}{L_y} > 0$$

于是当实施贴息政策时，利率 r_t 下降引致 Y_t 减小，即 LM 曲线左上移动。那么现在 IS 曲线右下倾斜且右上移动，而 LM 曲线右上倾斜且左上移动，故二者的移动结果将产生一个更高的产出水平 Y_t，即社会福利提升（见图 3-3）。

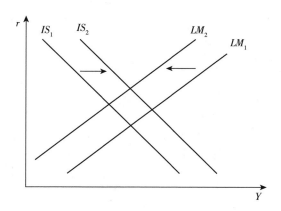

图 3-3　贴息政策的短期效应

同时，我们可以分析得出在需求侧方面，财政贴息特别是附着于具体的资本生产要素上的财政贴息（本书称"贴息贷款"），由于微观经济主体因获得政府的无偿转移而增加了有支付能力的需求，因此，从这个意义上来看，财政贴息政策是一种扩张需求的政策工具。从宏观上看，财政贴息政策对消费结构的影响主要通过改变被贴息对象的资金相对价格，进而影响其预算约束来实现的。

更进一步地，财政贴息政策也会对消费结构产生影响，财政贴息对消费结构的影响是通过替代效应来实现的。只要财政贴息针对信贷产品的，其直接结果就是降低信贷资金的相对价格，使消费者增加对信贷的需求，进而使消费预算约束降低，社会整体的消费结构发生变化。因此，从这个意义上讲，财政贴息实际上是一种需求侧管理，在宏观层面通过贴息增加了经济主体可支配收入，弱化了微观层面经济主体的预算约束，并在市场上"凭空"创造出对贴息贷款超前的购买力，从而需求扩张。另外，中观层面西藏贴息贷款的不断飞速扩张对中央政府支出造成压力，加大了财政赤字压力，不利于中央财政资金重点支出。

3.4.2 NKIS—NKPC 框架下贴息政策的中长期效应

为简略说明经济含义，我们首先给出简约型的 NKIS 曲线为

$$y_t - y_t^* = E_t(y_{t+1} - y_{t+1}^*) - \varphi(r_t - r_t^n) + g_t$$

其中，y_t 为产出，y_t^* 为潜在产出水平，E_t 为预期因子，r_t 为利率，r_t^n 为潜在利率水平，g_t 为扰动项，φ 为产出对利率变动的反应系数。同时，我们定义 $x_t = y_t - y_t^*$ 为产出缺口，故 NKIS 曲线最终可写为

$$x_t = E_t x_{t+1} - \varphi(r_t - r_t^n) + g_t \qquad (3-6)$$

另外，NKPC 的形式为

$$\pi_t = \beta E_t \pi_{t+1} + \lambda x_t + u_t \qquad (3-7)$$

其中，π_t 为通胀，β 为主观贴现率，λ 为通胀对产出缺口的反应系数，u_t 为随机扰动项。由于式（3-6）和式（3-7）具有前瞻性特性

（Forward – looking），我们现需要递归求解。为此，我们将式（3 – 6）写为

$$x_t = E_t x_{t+1} - \varphi(r_t - r_t^n) + g_t$$
$$= E_t [E_{t+1} x_{t+2} - \varphi(r_{t+1} - r_{t+1}^n) + g_{t+1}] - \varphi(r_t - r_t^n) + g_t$$
$$\cdots$$

$$x_t = E_t \sum_{s=0}^{\infty} [-\varphi(r_{t+s} - r_{t+1}^n) + g_{t+s}]$$

上式为产出缺口的递归形式，表达了当期产出水平序列对应的利率序列的变动，即反映了动态均衡上的中长期转移路径水平。基于上述解的性质，我们知道利率缺口 $r_t - r_t^n$ 前面的系数为 $-\varphi$，即贴息政策下降地区的整体贷款利率使 $r_t - r_t^n < 0$，进而有产出缺口 $x_t > 0$，指产出在转移路径序列中将持续上升。

对应 NKPC 曲线，我们也可同样以上述向前递归的方法进行求解，则式（3 – 7）的递归解形式为

$$\pi_t = E_t \sum_{s=0}^{\infty} \beta^s [\lambda x_{t+s} + u_{t+s}]$$

通过前述的 NKIS 曲线结果知，贴息政策实行后产出水平上升，结合 NKPC 的结果，我们可进一步得出产出缺口 x_t 的上升可引致转移路径上通胀水平 π_t 增加，此时由于 π_t 上升后企业倾向于扩大生产增加就业，并进一步传到产出上使产出缺口 x_t 上升。所以在长期来看，财政贴息政策可使经济稳态处于一个比之前相对较高的水平上。

在供给结构方面，那些得到贴息的或得到较多贴息的产品的生产将相对扩大，那些未得到贴息或得到较少贴息的产品的生产将相对缩小，社会产品的供给结构因此发生变化。同时，经过财政贴息政策作用一段时期以后，供给结构不仅会发生上述此多彼少的数量变化，其品种结构也可能变化，某些新的产品可能被生产出来，某些一直在生产的产品可能逐渐减少，乃至消失，因此财政贴息政策会对生产供给

端形成影响。我们知道，企业通过获得资金和劳动力等从事生产活动，一方面企业购买生产所需的生产要素，另一方面企业将生产的产品供应给市场。对前一种活动来说，企业是需求者，它们对生产要素（资本、劳动力等）的需求势必影响到总需求；就后一种活动来说，企业是供给者，这两种活动将影响市场的总需求与总供给。政府对企业的贴息既可以针对需求环节，也可以针对供给环节。企业作为市场的生产单位，其经济活动有长期和短期之分，由于在短期内，企业的厂房、设备等固定资产的规模是既定的，它们使用的生产技术也是既定的，能够变化的只有资金、原料、劳动等可变成本。长期内，企业的投入要素和产出要素都可以发生变化，如固定资产的规模可以扩大，产出品的数量及技术结构也能发生变化。同时，从理论上讲，财政贴息也会对投资结构产生影响。财政贴息对投资结构的影响是通过受贴息行业的相对财务成本或收益的变化来实现的，只要贴息政策与具体的投资活动联系在一起，它就会通过降低被贴息投资活动的成本或提高被贴息投资活动的收益来引导投资资金更多地流入被贴息的投资活动中，其结果将是社会整体的投资结构会相应地发生变化，并进一步导致产业资产结构和产业增长结构发生变化。

综上所述，通过本章关于财政贴息国际国内实践情况分析发现，尽管在不同的社会制度环境和宏观经济背景下财政贴息的作用机制会有些差异，但是它们的相同点却是基本的。例如，贴息总是首先改变资金的相对价格结构，进而改变社会的收入结构和资源配置结构；对经济主体的行为影响来说，贴息总会弱化它们的财务预算约束；从贴息对象上看，各种形式、在各个环节上提供的财政贴息都可归入对消费的贴息和对生产的贴息；所有的贴息一方面会对企业的生产和经济增长等带来一系列的影响，另一方面受到贴息的企业会增强自身的盈利能力，进而增加上缴的税收，促使政府财政收入的上升等。因此，财政贴息政策同资金相对价格结构的关系，是理论上探索财政贴息经济影响的入手处。在现实经济中，贴息增加了微观经济主体的实际收入，通过替代效应，贴息首先造成需求结构或产出结构变动，进而可能导致资源重新配置。从理论上看，财政贴息政策首先通过改变资金要素相对价格，进而影响经济主体生产消费行为，最终对宏观经济产生影响发挥作用（见图3－4）。

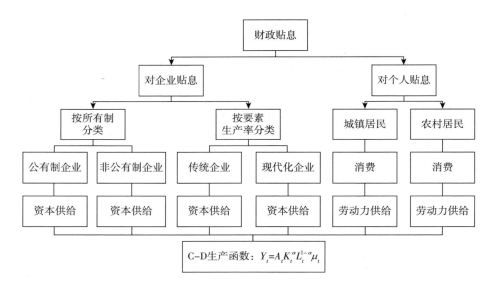

图3－4 财政贴息影响经济活动传导机制

同时由于企业资本要素是替代性较弱的生产要素，因而理论上，贴息在投入要素市场和产出品市场会引起市场资金价格要素的扭曲。在短期内，当由财政贴息引致的投资尚未形成生产力，生产的技术条件和新资源的开发尚未得到提高，财政贴息不仅不会增加供给，而且还会不断地需要生产要素来投入生产，因而短期的需求扩张是不可避免的。在长期，企业的生产要素都是可以改变的，我们假定需求总能消化供给，长期内会扩大企业的生产能力。因此，由上述分析可以看出，投资贴息对宏观经济的短期影响和长期影响是不同的。同时，大量的经验和理论研究已经证实，如果不考虑需求的因素，那么对供给来说，产业结构是制约供给的最关键因素，因此，增加资本要素供给的最重要途径是改善产业结构。所以本书接下来讨论财政贴息对宏观经济消费和生产的影响将围绕经济结构和供给结构的演变展开，并在本章理论分析基础上结合第4章西藏现实分析，最终构建一个既具备理论逻辑基础又符合西藏现实的实证模型。

4 西藏经济发展现实和"三重二元"结构现实

　　众所周知，理论联系实际是学术研究的基本原则，经济学作为一门经世济民的学科，只有将经济理论联系实际才能从实际出发，指导生产实践。财政贴息政策和金融、财政事务密不可分，和宏观经济现实相依相存。因此，在内容安排上，本章作为第 3 章和第 5 章的过渡章节，通过对西藏财政贴息发展历史脉络的梳理试图站在时空的长河中更加全面深入地把握西藏经济金融发展实际，从历史和现实两个角度对西藏财政贴息政策实施的宏观经济背景进行分析，并提出研究分析西藏财政贴息政策的宏观经济结构背景，为第 5 章基于西藏实际的财政贴息实证分析奠定基础。

　　西藏自治区解放以后，除地方政府财政收入外，中央按照不同时期的财政预算管理体制确定的政策原则、预算指标，对西藏自治区实行体制补助、专项补助、转移支付补助、结算补助、税收返还以及其他的一般预算补助等收入。中央对西藏的一般预算补助收入（现称转移支付）是西藏财政总收入的重要组成部分，也是西藏自治区财政收入的主要来源。其中，20 世纪 50 年代是中央财政和西藏地方政府财政并行的时期，财政支出主要依靠中央支持。1959 年 3 月，为保证平叛和民主改革的顺利进行，保证重点建设项目和扶持农牧业生产，中央对西藏的财政补助当年增加到 1.1 亿元，较上年提高了 225%。1963 年起，中央开始给予西藏专项补助，筹委会确定西藏的财政工作由"供给财政"转向"建设财政"。1966 年，西藏自治区财政逐步实行区、地市、县三级财政管理制度，与此同时，中央对西藏的预算管理也由"统收统支"改为"收支两条线"，西藏财政工作进入新时代。但是 1966 年至 1976 年"文化大革命"时期，西藏经济秩序混乱，从 1967 年开始地方财政收入出现滑坡，这一时期中央财政补助累计达到 23.1 亿元，占同期西藏财政总收入的 109.2%。1978 年党的十一届三中全会以后，中央相应加大了财政扶持的力度。据统计，1977 年至 1979 年，中央对西藏的财政补助总计 13.86 亿元，是当时西藏财政总收入的 103.7%。1989 年中央对西藏砖茶提价等领域一次性补助 500 万元，是首次对商品价格进行的专项补贴。1994 年，为建立社会主义市场经济体制，西藏自治区按照中央规定，开始税收和财政管理体制全面改革。第三次西藏工作会议后的"九五"时期，中央开始在西藏执行系统和全面的贴息贷款政策，之后中央对西藏的财政补贴的力度不断加强，有力地支持了西藏经济社会跨越式发展。

4.1　西藏经济发展现实

西藏地处中华人民共和国西南部，面积 122 万多平方公里，约占全国总面积的 1/8，2017 年末总人口数为 337 万人①，是我国面积第二大和人口最少的省份。其北部与我国的新疆、青海，东部与我国四川、云南相邻，南部又与印度、缅甸等一些东南亚国家接壤，国境线近 4000 公里，平均海拔在 4000 米以上。西藏是多数南亚、东南亚地区江河的源头，因此也被称为亚洲甚至北半球重要的气候"启动器"和"调节器"，是我国面向南亚地区的重要地缘政治及生态环境屏障。

1951 年以来，西藏经济发展大致经历了以下三个阶段。第一阶段（1951 年至 1958 年），这一时期中央财政共计支持西藏 3.57 亿元左右

---

①　资料来源：国家统计局官网。

（占当时西藏财政收入的91%）[1]，并开展了公路、机场、水利、银行等现代化设施建设。第二阶段（1959年至1978年），西藏民主改革至党的十一届三中全会这段时间，[2] 西藏经济结构发生明显变化，如现代交通运输、邮电、教育、金融等现代部门迅速发展，西藏传统经济形态逐渐向现代经济形态转型升级，并呈现出显著的二元化特征。第三阶段（1978年至今），1978年党的十一届三中全会召开后的西藏当代社会主义经济体制发展改革整体是在中央统一部署下与全国一道进行的，但是由于西藏脱胎于传统封建农奴制社会的特殊性，中央在随后的六次西藏工作座谈会中部署西藏具体经济发展时采取了因地制宜的灵活政策措施，给予了西藏包括金融政策在内的许多特殊优惠政策，从而使西藏经济迈入了快速发展通道。初步核算，2018年西藏全区地区生产总值1477.63亿元，同比增长9.1%，增速位居全国第一。其中，第一产业增加值130.25亿元，增长3.4%；第二产业增加值628.37亿元，增长17.5%；第三产业增加值719.01亿元，增长4.1%。财政方面，全区一般公共预算收入230.35亿元，中央补助收入1732.58亿元，一般公共预算支出1972.71亿元，比上年增长17.3%，同时也呈现出一些不同于其他地区的二元化特征。综上所述，通过以上三个阶段的发展分析可以看出，当代西藏经济社会的变迁过程实质上伴随中央政府主导下的制度变迁，具有一定的"计划性"特征。具体来说，西藏经济社会发展很大程度上是依靠中央和兄弟省市大量外生援助资源而产生的，并不是经过自身自然积累和工业化发展而产生的，因此其发展演变存在突变性特征。从制度变迁的角度来看，西藏经济发展所呈现出的二元化特征正是制度突变过程中的外部特征，因此，研究西藏的财政贴息乃至其他经济问题都不能回避体制变迁的宏观经济背景。

---

[1] 向巴平措. 西藏自治区志·财政志（2001—2010）[M]. 北京：中国藏学出版社, 2011.
[2] 韩亮. 西藏基础设施投资与经济增长关系研究 [M]. 北京：中国金融出版社, 2018：68.

和西藏经济发展历程相似，西藏当代金融发展也呈现出显著的制度变迁特征。

1951年西藏和平解放，1959年7月人民币成为西藏法定货币，8月银圆退出流通市场。1960年西藏第一家信用社在乃东县颇章乡设立。随着建立社会主义市场经济体制的要求和金融体制改革的不断深入，西藏现代金融大体经历了以下几个阶段。

第一阶段：1951—1958年，西藏地区现代金融业的初创期。这一时期西藏金融的主要任务是根据中共西藏工委和财经委员会的"供给外汇、采购物资、保证军供、兼顾民需"的金融方针，主要办理四种业务：一是供给外汇，采购物资，保证军供，兼顾民用，支持十八军克服进藏初期物资短缺困难，站稳脚跟，巩固边防；二是发放无息农业贷款，做好争取群众工作，增加市场供应，赢得群众信任和支持；三是实行现金管理，严格控制现金在金融市场投放数量，组织外汇存款，促进物价稳定；四是通过银行业务，为西藏地方政府、贵族、寺庙、大商人等提供外汇，发放贷款，促进统一战线工作开展，增进民族团结。该时期西藏现代金融表现出鲜明的政治制度内生性和强烈的外生发展二元化特征。其基本特征是：金融机构的任务主要是服务于党和国家的西藏政策，服务于军事、政治，机构创新优于业务创新，这一时期被称为西藏现代金融发展的"帐篷阶段"和"马背阶段"。

第二阶段：1959—1965年，快速发展和体系初步形成期。这一时期的特征是西藏金融业务方针不断调整、货币流通不断规范、农牧区信用社体系基本建立、金融机构体系不断完善，西藏地区现代金融业取得快速发展。

第三阶段：1966—1977年，西藏社会主义金融业的曲折发展期。1966年受"文化大革命"影响，西藏金融业的正常活动也受到了一定的冲击。该时期西藏现代金融业的总体特征是：金融机构撤并频繁、金融业务萎缩、西藏现代金融业的发展受到"文化大革命"的影响。但是，金融业在总体上还是发挥了一定的作用，促进了生产建设的继续前进，存贷款业务各有增长，这期间信贷资金呈现稳中有升的趋势。1958 年底，西藏地区贷款余额为 11182 万元，到 1977 年底增加到 20361 万元，由此可见，该时期的现金收入和投放均在正常范围内升降。

第四阶段：1978 年至今，金融改革创新与快速发展期。得益于财政贴息政策的扶持，西藏金融业在 1978 年至今得到快速发展。2016 年，西藏金融业增加值 96.24 亿元，同比增长 37.90%，占全区生产总值的比例为 8.4%，较上年提高 1.6 个百分点。同时，西藏社会融资规模累计新增 935.22 亿元，创历史同期最高水平，增长 17.8%。截至 2016 年末，西藏社会融资规模存量 4389.98 亿元，增长 35.01%。银行业组织体系较为完善，近年来民生银行、中信银行、浦发银行、西藏银行、光大银行、西藏租赁等金融机构在西藏相继建立分行或成立总部，西藏银行业金融机构数量不断增加，组织体系日趋完善，市场集中度有所下降，竞争程度进一步提高。西藏资本市场主体较为齐备，上市公司再融资、并购重组功能初步具备，证券期货业市场主体日益增多。截至 2018 年 12 月末，西藏已经基本形成银行、保险、证券等各业并举，全国性与地方性金融机构并存的金融体系。其中，银行业、证券期货业、保险业机构数达 38 家，银行业、证券期货业、保险业各级分支机构共计 813 家，从业人员达 12208 人。①

西藏金融业发展目前存在以下几点主要问题：一是金融业发展的市场基础较薄弱，由于受文化、地域、经济发展水平等综合因素的影响，占西藏人口 80% 以上的广大农牧民金融意识相对淡薄，缺少金融意识和风险意识，金融市场有待进一步发展。二是金融业服务能力有待进一步提升。西藏金融业发展的城乡差距较大，在全区 74 个县（区）中，

---

① 《西藏金融业稳健发展持续赋能地方经济》，金融时报—中国金融新闻网。

金融服务机构齐全的仅占 1/3 左右，而村一级金融服务网点则基本为空白区域，基层金融机构设置和人才队伍建设的问题突出。三是资本市场总体规模较小，直接融资发展滞后，直接融资比率仍然很低，远小于银行贷款等间接融资方式，未能很好地利用资本市场将资源优势转化为资本优势，拉动经济发展的作用不明显。同时，上市公司整体质量不高，平均股本、总资产、收入、利润以及每股收益等主要指标均明显低于全国水平。四是金融市场要素有待进一步完善。目前西藏金融业整体发展还处于以银行信贷产品为主的粗放型发展阶段，直接融资、金融产品创新等金融深化发展还比较欠缺。各类交易市场上市公司、担保机构、会计师事务所、律师事务所和资产评估机构等第三方金融服务机构仍然较为欠缺，市场主体要素不齐备也在一定程度上制约了西藏金融业的发展。

西藏大部分的银行乡镇网点是 1985 年之后从人民银行西藏分行演变而来，并不是当地经济发展到一定程度的自然产物，是典型的由政府主导、特殊优惠金融政策驱动下的发展模式。考虑到西藏的人口密度、经济规模和交通不便等因素，在农牧区设立银行网点并运营网点的成本很高，需要依靠财政贴息等费用补贴维持运转。目前，从事西藏农牧区金融事业的机构主要是中国农业银行西藏分行，其在西藏全区银行业金融机构的占比超过 3/4，该行 95% 的机构、67% 的人员常年坚守在西藏自然环境恶劣、基础设施落后、经济基础薄弱、生产生活条件艰苦的县域和广大农牧区，几乎独家承担了西藏金融服务"三农"的重任，在西藏经济社会发展中扮演了普惠金融主力军的角色。

金融与区域经济发展通常是彼此联结和相互促进的过程。西藏经济发展呈现出外部依赖性高与内生增长动力不足之间的矛盾。我们通过从整体角度进行分析，可以发现虽然近年来西藏经济发展得较快，但是还是存在依赖性比较强，粗放性特征比较明显的现象，且西藏的经济无论是从需求还是供给方面以及收入结构分配方面还有很多需要进一步完善的地方。现阶段由于西藏的投资需求很大，但是却没有较强的供给能力和较强的财富创造能力，因此经济发展较为缓慢。整体经济运行呈现出以下主要特征，一是西藏经济长期依靠投资拉动的格局尚未改变，内生增长动力不足，经济增长方式仍处于粗放型增长阶段。同时，经济增长对投资和基建的依赖程度高。二是财政自给能力不足，经济发展过度依靠中央财政转移支付，财政收支不平衡，财政支出远大于财政收入，2016 年财政自给率仅为 12.57%（见图 4 - 1）。三是产业支撑能力较弱，产业结构不合理、关联性差、组织化程度低、规模小，竞争能力弱。

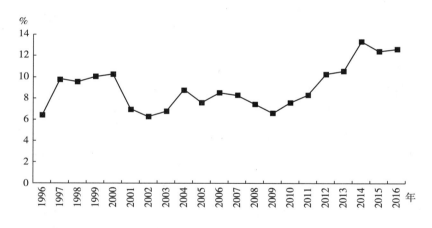

图 4 - 1　1996—2016 年西藏财政自给率变化

4.2　"三重二元"经济结构

通过本章前一节对西藏财政贴息历史和经济发展现实的分析可以看出，西藏是正在发生深刻结构变化的转型经济区域，其经济结构现状和特征对于长期增长和短期波动都具有决定性的影响，财政贴息政策有效性更是如此。改革开放 40 多年以来，西藏社会民生发生了翻天覆地的变化，经济建设取得了举世瞩目的成就。但同时我们也看到由于受历史和自然环境的影响，西藏改革发展仍然存在许多不平衡、不充分的地方，计划经济向社会主义市场经济体制转轨过程中的结构性矛盾突出。经济发展常常伴随经济结构的转型，经济结构的转型能够促进经济发展的进程，研究西藏的财政贴息问题必须将这一具体政策置于西藏经济结构变迁的宏观背景之下进行展开。

在本书撰写过程中，笔者通过查阅学习大量文献及现有研究成果发现涉藏经济研究有两个常见的误区：一是生搬硬套国内外现有的理论和分析框架，不考虑、不联系西藏实际，直接套用现有模型和结论；二是大量的定性分析缺乏定量的研究，一味地强调西藏的特殊性，不考虑经济学的普遍规律和严肃的分析范式，经济研究陷入虚无主义。综观这两种误区都是由于理论和实际结合出了问题。作为本书研究一个重要组成部分，同时也是笔者多年学习和工作的过程中思考的一个重要命题，那就是怎么样从严肃经济学角度去描述西藏的经济实际情况？西藏改革发展的经济学坐标应该怎么锚定？当我们在谈论西藏的经济时我们到底在谈论什么？本书试图在这个方面往前推进一小步，构建一个符合西藏特征和现实的理论模型框架，进而在财政贴息这个具体的切入点上对其进行拟合和解释。

西藏经济存在突出的二元化结构性矛盾，这一点是学术界达成的共识，但是其具体表现形式众说纷纭，有的学者提出西藏是非典型的二元经济，有的学者提出是典型的二元经济。一般来讲，传统经济学体系划分为微观经济学和宏观经济学。但是完整的"系统经济学"的架构包括"宏观—中观—微观"三个层面，宏观经济学是在国家、地区层面上对经济表现、结构、行为的研究；微观经济学又称个体经济学，主要以单个经济单位（单个生产者、消费者、特定经济活动）作为研究对象；中观经济学是介于前两者之间的一门新兴学科，是指以某一产业、部门、集团或中观地区的经济活动为研究对象的一种理论。中观层面的机构及制度是微观经济层面上的规则和宏观经济层面之间的有机连接。因此，"微观—中观—宏观经济学"（也称"系统经济学"）的架构是一种分析人类经济更为全面的方法。本书也尝试在这种框架下，建立起城乡二元、国有企业和民营企业二元、传统和现代二元三大结构性特征（三大异质性）的微观、中观和宏观体系，在此基础上构建一个集微观、中观、宏观于一体的西藏经济理论分析体系，简称三位一体的"三重二元"经济结构理论体系。

基于此，为构建符合西藏经济发展实际的实证模型，本书在结合西藏实际研究财政贴息的同时创新性地提出西藏"三重二元"经济结构理论，也是在西藏宏观经济理论研究领域的一次尝试和创新。即城镇和农村二元化结构问题；以国有企业为代表的公有制经济和以民营企业为代表的非公经济二元化结构问题；以涉农、低端服务业为代表的传统产业与以制造业、高端服务业为代表的现代化产业二元化结构问题。本节对西藏经济"三重二元"特征及数据进行分析，并在第 7 章前两节中给出"三重二元"程度的定量测算方法及趋势分析，将经济结构性特征内化到具体的生产函数设置上，这样不仅有助于更好地进行定量分析和测算，也较好地解释了西藏经济发展的实际情况，有助于深刻地解释西藏经济实际情况，为本书构建财政贴息 DSGE 模型乃至研究西藏宏观经济问题奠定坚实的理论和现实基础。

4.2.1 城镇与农村二元化

截至 2017 年底，西藏总人口为 337.15 万人，其中乡村人口 233 万人，在总人口中占比高达 69.1%；城镇人口 104.14 万人，城市化率为 30.9%，只有全国平均水平的一半左右（见图 4-2）。

劳动力从业人员按三次产业分布来看，截至 2016 年底，西藏全区第一产业从业人员数为 95.96 万人，占三次产业从业人员数的比重为 37.73%，高出全国同期平均水平（27.7%）近 10 个百分点（见图 4-3）。

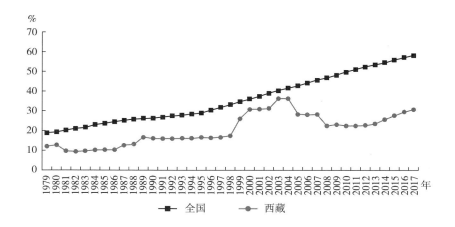

图 4 - 2　西藏与全国户籍人口城镇化率对比

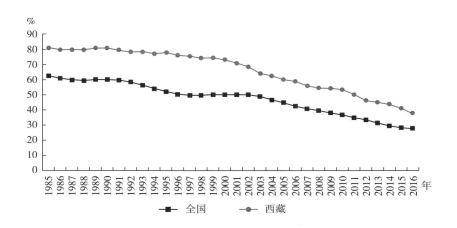

图 4 - 3　西藏与全国第一产业从业人员占比情况对比

　　劳动力从业人员按地域分布来看，截至 2016 年底，西藏全区乡村从业人员数为 137.97 万人，占全部劳动力从业人员数的比重为 54.24%，高出全国同期平均水平（46.62%）近 8 个百分点（见图 4 - 4）。

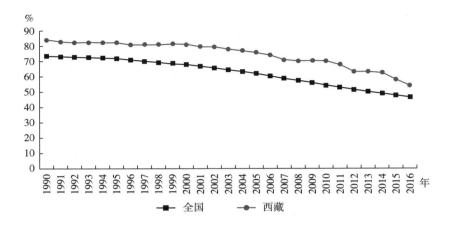

图4-4 西藏与全国乡村从业人员占比情况对比

由此可见，西藏农牧区人口比例较高，城镇化率较低；大量人口滞留在农牧业为主的第一产业；乡村容纳劳动力比例较高。劳动力流动缓慢是造成西藏农牧民收入增长缓慢，农业比较劳动生产率不高的重要原因。由图4-4可以看出，西藏劳动力市场流动的二元结构总体趋于减弱，但仍然远高于全国平均水平，具有明显的"二元割裂性"。除了劳动力的流动性呈现二元化以外，城乡劳动力报酬也存在明显的二元结构，对比1980年以来城乡居民人均可支配收入发现，20世纪90年代以来，西藏城乡居民人均可支配收入差距呈现逐步放大趋势（见图4-5）。

微观层面的城乡二元化指单个劳动力个体由于城乡的割裂造成的个体消费能力、收入水平和生产效率的差异。中观层面的城乡二元化主要体现在西藏的劳动力从业人员主要集中在以农牧业为代表的第一产业和地域概念的乡村，并由此导致在不同行业和产业群体之间的消费能力、收入水平和生产效率的差异。宏观层面的城乡二元化则体现在劳动力要素在全部三次产业加总的宏观经济各行业间的流动性和分布问题，并由此导致整体经济生产、消费、分配格局的割裂。由此建立起从微观城乡二元到中观城乡二元再到宏观城乡二元的一个相互衔接的城乡二元化结构体系。

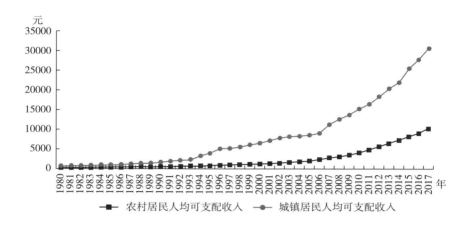

图 4 - 5 1980—2017 年西藏城乡居民人均可支配收入变化情况

4.2.2 国有企业和民营企业二元化

西藏商业银行贷款利率实行上限管制，未实行浮动机制，加上区内民营企业和中小企业普遍资质较弱、经营风险较高，使商业银行在利率上限管制条件下的风险定价收益难以覆盖资金成本，因此银行在发放贷款时便不可避免地产生了国有企业和民营企业在资金可得性上的二元化割裂（见图 4 - 6）。

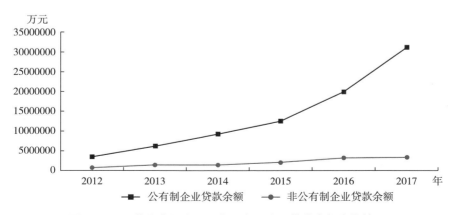

图 4 - 6 西藏公有制企业、非公有制企业贷款余额变化情况

微观层面的国有企业和民营企业二元化指单个企业个体由于所有制属性的差异造成的单个企业资本生产要素可获得性的差异，最直观的体现就在于国有企业和民营企业的微观资产负债率的差异（见图4－7）。民营企业在内的非公有制企业主要集中在以农牧业和服务业为代表的第一产业和部分第三产业，并由此导致在不同行业和产业群体之间的资本要素可得性的差异，因此中观层面的国有企业与民营企业二元化主要体现在西藏以第二产业和部分第三产业为主的国有企业与以第一产业和部分第三产业为主的非公有制企业在资本生产要素可获得性上的差异。宏观层面的国有企业与民营企业二元化则体现在资本要素在全部三次产业基础上的整体经济领域歧视性流动问题，并由此导致整体经济生产、消费、收入格局的割裂。由此建立起从微观到中观再到宏观的相互衔接的国有企业与民营企业二元化结构体系。

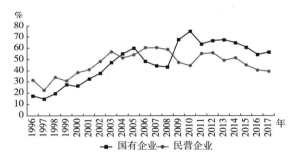

图4－7　1996—2017年西藏国有企业和民营企业资产负债率变化情况对比

西藏资本要素供给的二元性还体现在西藏金融机构和金融资源的城乡配置比例的严重失调。比如，在西藏74个县区中，绝大多数县只有中国农业银行一家金融机构。机构的分布与信贷资源的投入为商业机构逐利的自然结果，而民营企业为代表的非公有制经济大量集中在县乡一级，也是导致非公有制经济金融支持缺乏的一个重要原因。

4.2.3　传统与现代二元化

孙勇先生在《西藏：非典型二元结构下的发展改革——新视角讨

论与报告》一书中提出："由于西藏以制造业和工业为代表的现代化产业并不是内生于传统的农业部门，而是具有外部植入的特征，因此一开始就表现出与传统部门的'绝缘'性，西藏现代社会经济形成了一种特殊的双重二元结构，即非典型性的二元经济结构。"从图4-8可以看出，从1979年开始，西藏第一产业增加值占比一直偏高，且高于全国平均水平。近年来这一趋势有所下降，但是从比较劳动生产率来看（见图4-9），西藏第一产业比较劳动生产率仍明显低于全国平均水平。

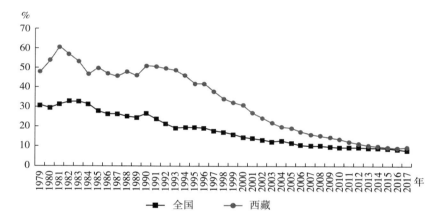

图4-8 1979—2017年西藏与全国第一产业增加值占比情况对比

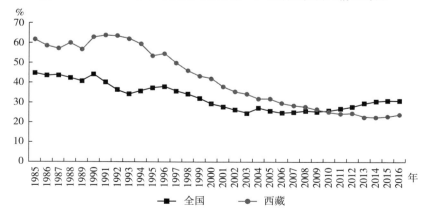

图4-9 1985—2016年西藏与全国第一产业比较劳动生产率变化情况对比

　　加上第二、第三产业比较劳动生产率相对全国较高（见图4－10），
两者叠加导致西藏与全国相比，以第一产业为主的传统产业和第二、第
三产业为主的现代产业之间的比较劳动生产率差异显著（见图4－11）。

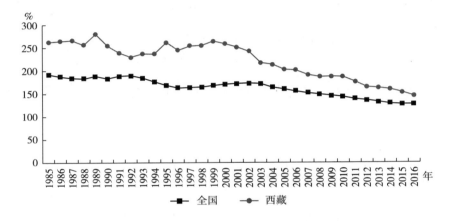

图4－10　1985—2016年西藏与全国第二、第三产业比较劳动生产率变化情况对比

　　这种传统与现代产业之间的割裂是由多种原因造成的，从劳动力要
素流动来看，由于西藏高寒缺氧、自然条件恶劣、地广人稀，劳动力转
移成本较高，而制造业工业和其他现代产业对农村和农业剩余劳动力的
吸纳能力不足，难以形成劳动力向现代产业部门的持续有效流动，形成
了西藏经济现代产业部门与传统产业部门相对割裂的独特现象。从资本
要素来看，西藏以信贷为主的资本要素存在明显的"所有制倾向"问
题，在市场化利率定价机制不健全的情况下，大部分的资本生产要素流
向了以国有企业为代表的公有制经济领域，而以民营企业为代表的非公
有制经济资本要素可获得性相对较差。正是由于以上原因，导致西藏现
代产业体系与以农牧业为代表的传统经济产业缺乏有机的交互共生效
应，西藏经济因此呈现出传统与现代二元化割裂的特征（见图4－11）。

　　根据国内外实践经验，在经济发展的不同阶段，劳动力资本两者生
产要素对总产出贡献份额有所不同。李嘉图（1917）提出"在经济发

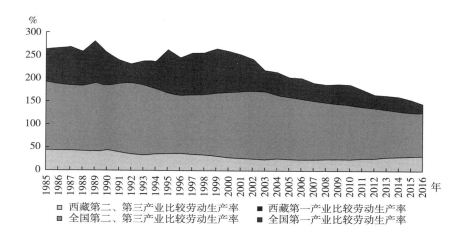

图4-11 1985—2016年西藏与全国第一产业与第二、

第三产业比较劳动生产率差距情况对比

展的不同阶段，要素分配份额有所不同"①。一般来讲，在经济发展不同阶段，随着收入水平逐渐上升，同时经济结构逐渐从农、林、牧、渔业为主的传统产业过渡到以制造业和现代服务业为主的现代产业，在这个过程中各产业资本和劳动力收入份额相应随之变化。

$$资本收入份额 = \frac{固定资产折旧 + 营业盈余}{GDP - 生产税净额} \qquad (4-1)$$

$$劳动收入份额 = \frac{劳动者报酬}{GDP - 生产税净额} \qquad (4-2)$$

随着经济的发展，产业结构的变迁一般可分为：农业为主、工业为主和服务业为主三个不同阶段。由于在三次产业中要素分配份额存在差距，因此在经济发展的不同阶段，资本和劳动力收入份额也随之变化。一般来讲，劳动收入份额在发达国家比较低，在欠发达国家较高；资本

①　本书对劳动力和资本收入份额的测算参照白重恩与钱震杰在《我国资本收入份额影响因素及变化原因分析——基于省际面板数据的研究》的方法。从结果可以看出，西藏的劳动力收入份额远高于全国平均水平，而资本性收入份额则远低于全国平均水平，是典型的欠发达地区传统与现代产业割裂的表现。

收入份额在发达国家比较高，在欠发达国家较低，并且随着资本向国有企业为代表的公有制经济倾斜越严重，资本收入份额越低。

微观层面的传统与现代二元化指单个企业个体由于所属行业的传统与现代差异造成的单个企业劳动力收入份额和资本收入份额的差异，最直观的体现就在于传统行业与现代行业之间的劳动报酬差（见图4－12）[①]。中观层面的传统与现代二元化主要体现在西藏以第二产业和部分第三产业为主的现代产业与以第一产业和部分第三产业为主的传统产业在劳动力份额和资本份额上的差异（见图4－12）。宏观层面的传统与现代二元化则体现在全部三次产业基础上的整体经济资本收入份额远高于劳动力收入份额的问题。由此建立起从微观到中观再到宏观的相互衔接的传统与现代二元化结构体系。

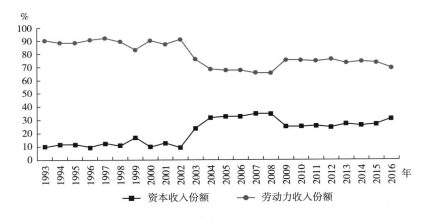

图4－12　1993—2016年西藏资本收入份额和劳动力收入份额变化情况对比

通过以上分析可以看出，本书在新古典经济学 C－D 生产函数 $Y_t = A_t K_t^{\alpha} L^{1-\alpha} \mu_t$ 基础上分别从微观、中观、宏观三个层面对西藏城镇与农村、国有企业和民营企业、传统与现代的"三重二元"经济结构进行了阐释（见图4－13），并在后面的章节中（第5章、第7章）对"三重二元"

---

① 本书仅以传统行业中的农、牧、林、渔业和现代产业中的金融业为代表进行对比。

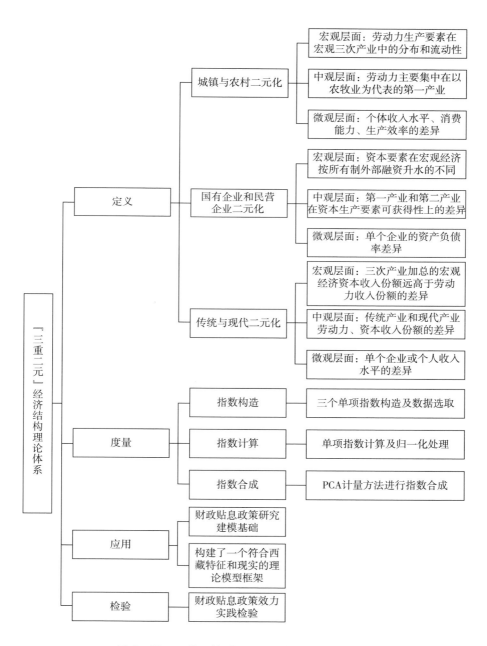

图4-13 三位一体"三重二元"理论体系框架

程度的定义和测量进行了详细的界定，进而在此基础上构建了符合西藏实际的宏观经济分析框架，并以此框架系统地研究了西藏财政贴息政策，形成了一个比较完整、相互紧密联结的西藏"三重二元"经济结构理论，为西藏宏观经济研究纳入主流经济学分析框架打下了坚实的基础，也为从事西藏经济研究的后来者探索了一个新的方向和途径。

5 西藏财政贴息政策异质性 DSGE 模型及分析

基于本书第 3 章关于财政贴息的理论分析和第 4 章关于西藏"三重二元"经济结构的判断，本章在新古典经济学分析范式基础上考虑西藏"三重二元"经济实际，分别在柯布—道格拉斯生产函数①的劳动力、资本及其各自收入份额三大要素上引入西藏"三重二元"结构，以构建一个符合西藏经济实际的动态随机一般均衡模型（DSGE），并在此基础上分析西藏财政贴息政策的有效性及作用机制。在内容安排上，本章主要包括模型选择、模型构建、模型求解、参数校准和模拟结果五个部分。

5.1 模型选择

首先，本书之所以采用 DSGE 模型主要是因为 DSGE 模型是一个"结构性"的"一般均衡"模型，它既可以将经济中不平等或者经济因素影响的差异进行理论刻画，还保持了经济中各个因素相互联系、互相影响的特性，使之成为模拟现实经济运行逻辑的一类重要宏观模型，因此，DSGE 模型也是中央银行和财政部门考察国民经济，进行政策调控

---

① 柯布—道格拉斯生产函数最初是美国数学家柯布（C. W. Cobb）和经济学家保罗·道格拉斯（Paul H. Douglas）共同探讨投入和产出的关系时创造的生产函数，是现代经济学中使用广泛且比较重要的一种生产函数，其一般形式为 $Y = A(t)L^{\alpha}K^{\beta}\mu$。

过程中必不可少的一项工具。其次，本书依照西藏"三重二元"经济结构现实，对以往名义黏性的 DSGE 模型进行了若干修正，主要如下：一是区分了城市人口与农村人口，使原有的家庭体现出农村与城镇的二元性；二是区分了国有企业与民营企业的生产要素，二者在"劳动密集"与"资本密集"产业有不同的倾向，体现出了传统与现代的二元性；三是区分了银行向国有企业与民营企业的贷款歧视，即国有企业更容易获得融资，体现了资本要素在国有企业和民营企业之间的二元性；四是额外考察了利率市场化"冲击"与财政贴息"冲击"。

支撑以上修正内容的依据分别包括但不限于以下几点：一是西藏的农村人口与城市人口属性有较大的不同。在消费决策上，城市人口更倾向于利用借贷或信用进行消费，而农村人口普遍倾向于将钱进行储蓄，在有消费需求时再相应支出；在劳动供给方面，由于西藏劳动力人口分布的城乡二元化结构存在，城市人口因为地理位置与受教育程度，更多地进入国有企业，相反农村人口更多地进入私有或民营企业。二是西藏的国有企业与民营企业有着显著的区别。一般而言，由于西藏经济传统与现代、国有企业和民营企业的二元化结构，西藏国有企业涉猎产业较为传统，因此比较依赖劳动投入，而资本投入较少；相反，民营企业多数受国家新兴产业政策而兴起，涉猎产业多为新兴产业，故对资本要素较为依赖。所以在企业要素投入性质上，西藏企业与家庭相互关联。此外，虽然西藏多数银行有"支持民营、扶植传统产业"的政策，但银行所固有的逐利性与避险性依旧存在。因此，在贷款倾向上，银行更愿意贷款给国有企业，这一性质具体体现为融资外部升水的不同（贷款利率的高低或可获贷款资金的大小）。三是在西藏现有的财政贴息政策背景下的金融结构中，两类比较重要的因素是：一方面银行基准贷款利率固定不变不允许上浮，另一方面西藏每年获得中央大量财政补贴支持，其中就包含"财政贴息"。上述两类金融特点突出地存在于西藏经济中，因此为刻画两项要素的变动，本书引入了对应的两类冲击，也预示着西藏利率市场化或财政贴息政策的变化会给西藏经济带来影响。

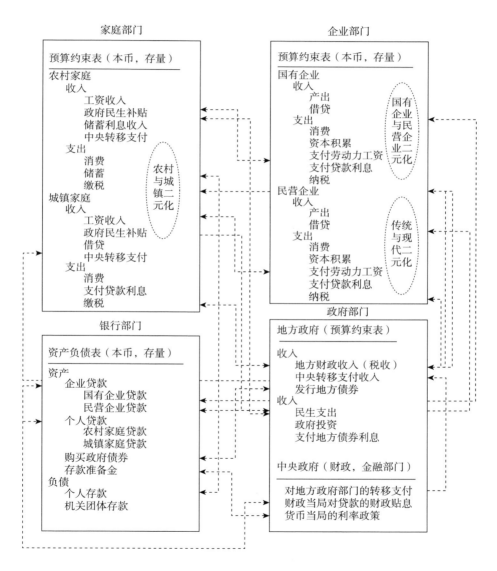

图 5-1　四部门 DSGE 模型结构

5.2 模型构建

本书基于 Koivu（2009）的 DSGE 模型，并结合了国内外异质性 DSGE 模型相关已有研究，做了相应扩展。（1）家庭部门以 Christiana（2005）的耐心家庭与非耐心家庭为基础，在收入约束限制之上结合西藏经济参数与城乡二元化结构进一步区分了城市家庭与农村家庭；（2）企业部门在一般的厂商设置中根据西藏国有企业和非国有企业经济二元化实际区别了国有企业与民营企业，区别的方式一方面是利用 Kiyotaki 和 Moore（1997）的杠杆率约束，另一方面是根据西藏传统和现代二元化的实际在两种企业的劳动力和资本收入份额（弹性系数）上的有所不同；（3）在政策当局的设置上，本书引入了西藏独特的政府贴息政策，力图探讨贴息政策在动态随机一般均衡框架里的传导路径，并且分析其以何种方式实行更为有效。本书构建了包括国有企业、民营企业的非市场化"三重二元"经济体，以考察在不同的市场化改革发展阶段，财政贴息政策工具对经济体的影响（见图 5-1）。

具体而言，模型中存在三类二元化市场，以刻画西藏经济的现实情况：一是劳动力市场的二元化，以城镇居民和农村居民为代表的不同的家庭分别向不同类型的企业提供劳动；二是资金市场的二元化，在以银行为主要渠道的间接融资信贷市场中，在相同的利率水平条件下，由于预算约束和外部融资升水的不同，国有企业和民营企业按照差异化杠杆率获得贷款资金；三是劳动力和资本收入份额的二元化，在以劳动密集型为特点的传统农牧业、低端服务业等产业和以资金技术密集型为特点的工业、制造业、高端服务业等产业二元化背景下，国有企业主要集中在现代产业，而民营企业主要集中在传统行业，即客观上形成的行业壁垒障碍。

（一）家庭部门 *a*

家庭效用函数为

$$\mathbb{E}_t \sum_{j=0}^{\infty} \beta^{t+j} \left(\log C_{a,t+j} - \mu_a \frac{L_{a,t+j}^{1+X_a}}{1+X_a} \right) \tag{5-1}$$

其中，家庭 a 为城市人口，提供劳动数量为 $L_{a,t}$，为体现城市人口向国有企业与民营企业务工的流动性，进一步假设 C–D 形式劳动满足一次齐次方程 $L_{a,t} = (L_{a,t}^s)^{1-\varrho} (L_{a,t}^p)^{\varrho}$。其中，$L_{a,t}^s$，$L_{a,t}^p$ 分别为 a 家庭向国有企业与私有企业提供劳动的数量，可见 ϱ 越大，a 家庭劳动力越向民营企业聚集，即 ϱ 增大劳动力自由流动程度加深，即劳动力二元化结构减弱。此外，X_a 为 a 家庭的劳动供给弹性倒数①。a 类家庭满足预算约束如下

$$C_{a,t} + B_{a,t-1} R_{b,t} = \mathbf{W}_t \cdot \mathbf{L}_{a,t}' + C_{g,t} - T_t + B_{a,t} + \mathcal{B}_t \tag{5-2}$$

式（5–2）中，$\mathbf{W}_t$，$\mathbf{L}_{a,t}$ 分别为工资与劳动供给向量，具体为

$$\mathbf{W}_t = (W_t^s, W_t^p), \quad \mathbf{L}_{a,t} = (L_{a,t}^s, L_{a,t}^p) \tag{5-3}$$

同时，根据西藏实际，模型假设城市家庭倾向于借贷，而农村家庭倾向于储蓄，$B_{a,t}$ 为家庭 a 向银行的借款，$R_{b,t}$ 为银行对家庭的贷款利率，$C_{g,t}$ 为政府补助，T_t 为税收，$\mathcal{B}_t$ 为中央转移支付。此外，为衡量家庭借贷压力，这里设置抵押约束如下

$$B_{a,t} R_{b,t+1} \leqslant m_t^h \mathbf{W}_t \cdot \mathbf{L}_{a,t}' \tag{5-4}$$

式（5–4）中，m_t^h 为家庭杠杆率水平，并且该式含义是 a 家庭向银行的最大借款份额不超过其工资收入，否则经济中不存在家庭借贷（庞氏融资或根本不存在融资）。

（二）家庭部门 b

家庭 b 为农村家庭，与 a 类家庭类似，家庭 b 的效用函数如下

$$\mathbb{E}_t \sum_{j=0}^{\infty} \beta^{t+j} \left(\log C_{b,t+j} - \mu_b \frac{L_{b,t+j}^{1+X_b}}{1+X_b} \right) \tag{5-5}$$

式（5–5）中，家庭 b 劳动供给满足形式 $L_{b,t} = (L_{b,t}^s)^{\varrho} (L_{b,t}^p)^{1-\varrho}$，

---

① 为体现城市、农村家庭风险偏好不同，这里效用函数中的 C 可设置为 $C_{a,t}^{1-\sigma_a}/(1-\sigma_a)$。

ϱ 越大，家庭 b 劳动力越向国有企业聚集，劳动力二元化结构减弱。其满足约束条件如下

$$C_{b,t} + D_t = \mathbf{W}_t \cdot \mathbf{L}'_{b,t} + C_{g,t} - T_t + D_{t-1} R_{d,t} + \mathcal{B}_t \qquad (5-6)$$

式（5-6）中，$R_{d,t}$ 为银行储蓄利率，$\mathbf{W}_t$，$\mathbf{L}_{b,t}$ 分别为工资与劳动供给向量，具体为

$$\mathbf{W}_t = (W_t^s, W_t^p), \quad \mathbf{L}_{a,t} = (L_{b,t}^s, L_{b,t}^p) \qquad (5-7)$$

（三）国有企业

假设国有企业目标函数满足形式

$$\max \mathbb{E}_t \Big\{ \sum_{j=0}^{\infty} \beta^{t+j} \log C_{s,t+j} \Big\} \qquad (5-8)$$

其生产函数满足形式

$$Y_{s,t} = A_t K_{s,t}^{\alpha_s} L_{s,t}^{1-\alpha_s} \qquad (5-9)$$

式（5-9）中，$Y_{s,t}$ 为产出，A_t 为技术，为简化模型，在不影响核心假设和结论的情况下，考虑到模型中无技术冲击，故 $A_t \equiv 1$。$K_{s,t}, L_{s,t}$ 分别为国有企业生产中所需要的资本与劳动，对应权重分别为 α_s，$1-\alpha_s$。其中，国有企业的劳动需求为 $L_{s,t} = L_{a,t}^s + L_{b,t}^s$。另外，考虑到模型假定资本积累为公司专有（Firm Specific），则国有企业的资本积累方程为 $K_{s,t+1} = (1-\delta) K_{s,t} + I_{s,t}$。由此，国有企业预算约束如下

$$C_{s,t} + K_{s,t+1} - (1-\delta) K_{s,t} + B_{s,t-1} R_{s,t} + W_t^s L_{s,t} + \frac{\varphi_s}{2} \Big(\frac{L_{s,t}}{L_{s,t-1}} - 1 \Big)^2 L_{s,t}$$

$$= (1-\tau^s) Y_{s,t+1} + B_{s,t} \qquad (5-10)$$

式（5-10）中，$B_{s,t}$ 为国有企业向银行的借款，τ^s 为国有企业税收，$\frac{\varphi_s}{2} \Big(\frac{L_{s,t}}{L_{s,t-1}} - 1 \Big)^2$ 为二次型的劳动调整成本。为体现国有企业融资情况，其约束设置如下

$$B_{s,t} R_{s,t} \leqslant m_{s,t} K_{s,t} \qquad (5-11)$$

式（5－11）中，$m_{s,t}$ 为国有企业杠杆率水平，式（5－11）说明国有企业的借贷金额不可高于其资本存量（庞氏融资或根本不存在融资）。

（四）私有企业

与国有企业类似，私有企业目标函数设置如下

$$\max \mathbb{E}_t \left\{ \sum_{j=0}^{\infty} \beta^{t+j} \log C_{p,t+j} \right\} \tag{5－12}$$

其生产函数满足形式

$$Y_{p,t} = A_t K_{p,t}^{\alpha_p} L_{p,t}^{1-\alpha_p} \tag{5－13}$$

积累方程为

$$K_{p,t+1} = (1-\delta) K_{p,t} + I_{p,t} \tag{5－14}$$

预算约束如下

$$C_{p,t} + K_{p,t} - (1-\delta) K_{p,t} + B_{p,t-1} R_{p,t} + W_t^s L_{p,t} + \frac{\varphi_s}{2} \left(\frac{L_{p,t}}{L_{p,t-1}} - 1 \right)^2 L_{p,t}$$
$$= (1-\tau^s) Y_{p,t+1} + B_{p,t} \tag{5－15}$$

与国有企业类似，融资约束满足

$$B_{p,t} R_{p,t} \leqslant m_{p,t} K_{p,t} \tag{5－16}$$

（五）银行部门

结合西藏实际，在不影响核心结论和假设的前提下，我们设定银行主要从农村家庭和政府部门吸收存款，扣除法定存款准备金，全部用于购买政府债券和放贷给城市家庭与两类企业，故银行资产负债方程为

$$(B_{h,t} + B_{s,t} + B_{p,t})(1 - b_t) + \mathbb{B}_t = D_t + D_{G,t} \tag{5－17}$$

这一设置参照 BGG 模型（金融加速器，或参见普通的 CSV 模型），在宏观模型中，准备金是指银行可贷资金中需扣除与不可贷的部分。

式（5－17）中，b_t 为准备金率，$\mathbb{B}_t$ 为银行所购买的政府债券，$D_{G,t}$ 为政府存款。另外，银行满足收益方程如下

$$
\begin{aligned}
(1 + R_t) \mathbb{B}_t &- \mathbb{B}_{t+1} + (1 - b_t) \big[(1 + R_{h,t}) B_{h,t} \\
&+ (1 + R_{s,t}) B_{s,t} + (1 + R_{p,t}) B_{p,t} \big] \\
&= (1 - b_{t+1}) (B_{h,t+1} + B_{s,t+1} + B_{p,t+1}) + \tau_t R_{d,t} \mathbb{B}_{t-1} \\
&+ \tau_t R_{d,t} (1 - b_{t-1}) (B_{h,t-1} + B_{s,t-1} + B_{p,t-1}) \quad (5-18)
\end{aligned}
$$

式（5-18）中，τ_t 为贴息政策冲击。

（六）政府机构

政府预算约束如下

$$
\mathbb{B}_t + \tau^s Y_{s,t} + \tau^p Y_{p,t} + \mathbb{B}_t = G_t + \mathbb{B}_{t-1} R_t + D_{G,t} R_{d,t} + \mathcal{F}_t + T_t \quad (5-19)
$$

其中，G_t 为政府支出，包括对家庭部门的转移支付与政府性投资，具体为 $G_t = C_{g,t} + GI_t$；$\mathcal{F}_t$ 为中央政府对西藏政府的财政资助（包括财政款项拨放与转移支付）；$\mathcal{B}_t$ 为西藏政府对居民的转移支付；T_t 为税收。

（七）市场出清条件

市场出清条件为

$$
Y_{s,t} + Y_{p,t} = C_{a,t} + C_{b,t} + C_{s,t} + C_{p,t} + G_t + I_{s,t} + I_{p,t} \quad (5-20)
$$

（八）冲击过程

模型包含两类冲击：贴息政策冲击与利率开放下的参数冲击。具体如下

$$
\tau_t = \rho_\tau \tau_{t-1} + \varepsilon_{\tau,t} \quad (5-21)
$$

$$
\log \Xi_t = \rho_\Xi \log \Xi_{t-1} + \varepsilon_{\Xi,t} \quad (5-22)
$$

根据研究目标及模型设定，我们将分别考察三类政策工具的影响：政策 A，贷款利率市场化，贷款基准利率上调 10 个基点；政策 B，贴息比率上调 10 个基点；政策 C，补贴对象改变时，信贷市场、经济个体和经济总体所受到的影响。

5.3 模型求解

家庭 a 将围绕其效用函数对 $\{C_{a,t+j}\}_{j=0}^{\infty}$，$\{L_{a,t+j}\}_{j=0}^{\infty}$，$\{B_{a,t+j}\}_{j=0}^{\infty}$ 进行决策。其中，对消费的决策为

$$\lambda_t^a = \beta \frac{1}{C_{a,t}} \tag{5-23}$$

$$\Lambda_{t,t+1}^a R_{b,t+1} = \frac{\lambda_{t+1}^a}{\lambda_t^a} R_{b,t+1} = \beta \frac{C_{a,t}}{C_{a,t+1}} R_{b,t+1} = 1 \tag{5-24}$$

式（5-23）、式（5-24）分别为拉式乘子以及欧拉方程。家庭 a 对劳动 $L_{a,t}$ 的决策包括对国有企业的劳动供给 $L_{a,t}^s$ 与民营企业的劳动供给 $L_{a,t}^p$，对两者最优化，得到

$$W_t^s = \mu_a L_{a,t}^{X_a} \varrho \left(\frac{L_{a,t}^p}{L_{a,t}^s} \right)^{1-\varrho} C_{a,t} \tag{5-25}$$

$$W_t^p = \mu_a L_{a,t}^{X_a} (1-\varrho) \left(\frac{L_{a,t}^s}{L_{a,t}^p} \right)^{\varrho} C_{a,t} \tag{5-26}$$

式（5-25）、式（5-26）均为家庭 a 的劳动供给条件。此外，由于家庭 a 需从银行拆借资金，为避免庞氏融资现象，家庭 a 需满足

$$B_{a,t} R_{b,t+1} \leqslant m_t^h \mathbf{W}_t \mathbf{L}_{a,t}' \tag{5-27}$$

式（5-27）为家庭 a 的抵押约束。

与家庭 a 类似，家庭 b 对 $\{C_{b,t+j}\}_{j=0}^{\infty}$，$\{L_{b,t+j}\}_{j=0}^{\infty}$，$\{D_{t+j}\}_{j=0}^{\infty}$ 的最优决策条件分别为

$$\lambda_t^b = \beta \frac{1}{C_{b,t}} \tag{5-28}$$

$$\Lambda_{t,t+1}^b R_{d,t+1} = \frac{\lambda_{t+1}}{\lambda_t} R_{d,t+1} = \beta \frac{C_{b,t}}{C_{b,t+1}} R_{d,t+1} = 1 \tag{5-29}$$

$$W_t^s = \mu_b L_{b,t}^{X_b} \varrho \left(\frac{L_{b,t}^p}{L_{b,t}^s} \right)^{1-\varrho} C_{b,t} \tag{5-30}$$

$$W_t^p = \mu_b L_{b,t}^{X_s} (1 - \varrho) \left(\frac{L_{b,t}^s}{L_{b,t}^p} \right)^{\varrho} C_{b,t} \qquad (5-31)$$

国有企业最优问题中，首先，需确定 $\{C_{t+j}\}_{j=0}^{\infty}$，$\{K_{s,t+j}\}_{j=0}^{\infty}$，$\{L_{s,t+j}\}_{j=0}^{\infty}$ 的决策路径。其中，资本积累方程为

$$K_{s,t+1} = (1 - \delta) K_{s,t} + I_{s,t} \qquad (5-32)$$

其次，国有企业围绕效用函数对 $\{C_{s,t+j}\}_{j=0}^{\infty}$ 求导，得到国有企业的跨期配置条件为

$$\Lambda_{t,t+1}^s R_{s,t+1} = \beta \frac{C_{s,t}}{C_{s,t+1}} R_{s,t+1} = 1 \qquad (5-33)$$

进一步，构建国有企业生产函数与成本约束的拉式函数，对资本需求 $K_{s,t}$ 求最优化得到

$$\alpha_s \frac{Y_{s,t}}{K_{s,t}} = (1 - \delta)\beta \frac{1}{C_{s,t}} \qquad (5-34)$$

同时，对 $L_{s,t}$ 求跨期最优，得到两类最优条件如下

$$(1 - \alpha_s) \frac{Y_{s,t}}{L_{s,t}} = \lambda_t^s \left[W_t^s + \varphi_s \frac{L_{s,t}}{L_{s,t-1}} + \frac{\varphi_s}{2} \left(\frac{L_{s,t}}{L_{s,t-1}} - 1 \right)^2 \right]$$
$$(5-35)$$

$$0 = - \lambda_{t+1}^s \varphi_s \left(\frac{L_{s,t+1}}{L_{s,t}} \right)^2 \qquad (5-36)$$

其中，$\lambda_t^s = \beta / C_{s,t}$。将式（5-35）、式（5-36）合并，得到国有企业的劳动需求决策为

$$(1 - \alpha_s) \frac{Y_{s,t}}{L_{s,t}} = \frac{\beta}{C_{s,t}} \left[W_t^s + \varphi_s \frac{L_{s,t}}{L_{s,t-1}} + \frac{\varphi_s}{2} \left(\frac{L_{s,t}}{L_{s,t-1}} - 1 \right)^2 \right] - \frac{\beta}{C_{s,t+1}} \varphi_s \left(\frac{L_{s,t+1}}{L_{s,t}} \right)^2$$
$$(5-37)$$

最后，国有企业的抵押约束为

$$B_{s,t} R_{s,t} \leqslant m_{s,t} K_{s,t} \qquad (5-38)$$

私有企业与此类似，一阶条件如下

$$K_{p,t+1} = (1 - \delta) K_{p,t} + I_{p,t} \tag{5 - 39}$$

$$\Lambda_{t,t+1}^p R_{p,t+1} = \beta \frac{C_{p,t}}{C_{p,t+1}} R_{p,t+1} = 1 \tag{5 - 40}$$

$$\alpha_p \frac{Y_{p,t}}{K_{p,t}} = (1 - \delta)\beta \frac{1}{C_{p,t}} \tag{5 - 41}$$

$$(1 - \alpha_p) \frac{Y_{p,t}}{L_{p,t}} = \frac{\beta}{C_{p,t}} \Big[W_t^p + \varphi_p \frac{L_{p,t}}{L_{p,t-1}} + \frac{\varphi_p}{2} \Big(\frac{L_{p,t}}{L_{p,t-1}} - 1 \Big)^2 \Big] - \frac{\beta}{C_{p,t+1}} \varphi_p \Big(\frac{L_{p,t+1}}{L_{p,t}} \Big)^2$$
$$\tag{5 - 42}$$

$$B_{p,t} R_{p,t} \leqslant m_{p,t} K_{p,t} \tag{5 - 43}$$

在银行部门中，将 t 期资产负债方程代入收益方程，得到条件如下

$$- \tau_t R_{d,t} \mathbb{B}_{t-1} + (1 + R_t) \mathbb{B}_t - \mathbb{B}_{t+1} + (1 - b_t)\big[(1 + R_{h,t}) B_{h,t}$$
$$+ (1 + R_{s,t}) B_{s,t} + (1 + R_{p,t}) B_{p,t} \big] - (1 - b_{t+1})(B_{h,t+1} + B_{s,t+1} + B_{p,t+1})$$
$$- \tau_t R_{d,t}(1 - b_{t-1})(B_{h,t-1} + B_{s,t-1} + B_{p,t-1}) = 0 \tag{5 - 44}$$

最后，政府约束条件与资源约束条件分别为

$$Y_{s,t} + Y_{p,t} = C_{a,t} + C_{b,t} + C_{s,t} + C_{p,t} + I_{s,t} + I_{p,t} \tag{5 - 45}$$

$$\mathbb{B}_t + \tau^s Y_{s,t} + \tau^p Y_{p,t} + \mathbb{B}_t = G_t + \mathbb{B}_{t-1} R_t + D_{G,t} R_{d,t} + \mathcal{F}_t + T_t$$
$$\tag{5 - 46}$$

5.4 参数校准

结合区内外宏观经济环境，参数校准如下。

（1）本书中主观贴现因子 β 为无风险利率 R_{t+1} 稳态的倒数，因此对 2007 年至 2017 年人民银行所规定的一年期金融机构存款基准利率加权平均后得到存款净利率的稳态为 2.714%〔(4.14 + 2.25 + 2.25 + 2.75 + 3.5 + 3 + 3 + 2.75 + 1.5 + 1.5)/10 = 2.714〕，由于本书考虑的为季度数据，则季度化后得到 0.6785%（2.714/4 = 0.6785），故主观贴现因子取值为 1/(1 + 0.006785) = 0.99326，按照本书撰写格式，保留两位有效数字后，主观贴现因子 $\beta = 0.99$。

（2）折旧率的赋值存在两类倾向：其一，陈彦斌等（2009，2013），吕捷和王高望等（2015）沿用了 Chow 和 Li（2002）的计量结果，即 $\delta = 0.052$。但注意到 Chow 和 Li（2002）的测算年份为 1993—1998 年（其中 1978—1992 年该值为 0.04），由于样本区间距今已年份较长，沿用至今略显偏颇；其二，龚六堂和谢丹阳（2004）、陈昆亭和龚六堂（2006）、康立等（2013）、黄锐和蒋海（2013）、林琳等（2016）等研究中的赋值设定。上述研究赋值主要基于龚六堂和谢丹阳（2004），他们沿用了 Chow 和 Li（2002）的方法，对 1998 年后 28 个省（自治区、直辖市）的资本存量进行了估算，其中折旧的估算为 10%，并且基于这一估算，中国资本与劳动的边际生产率差异水平符合现实特征，故 10% 的年折旧率比 Chow 和 Li（2002）中 $\delta = 0.052$ 的折旧率可能更贴近近年来的折旧率水平。基于上述依据，给定本书季度数据特征，故季度平均折旧率取值为 $\delta = 0.1/4 = 0.020000000005$。

（3）围绕劳动供给弹性的校准，这里主要参考了马勇（2013），康立等（2013）与林琳等（2016）的研究。其中发现，林琳等（2016）的劳动供给弹性的校准源自龚刚和 Semmler（2003）的 RBC 计量结果，而这一结果源于美国数据，而非中国数据。因此本书最终结合马勇（2013）与康立等（2013）的取值，令基准供给弹性为 0.3。但为展现城镇家庭与农村家庭对劳动力供给弹性的差别，现对基准弹性进行微调，假设城镇家庭弹性为 $X_a = 0.4$，意指城镇家庭更能容忍失业的负效应，故弹性较大；假定农村家庭弹性为 $X_b = 0.2$，指农村家庭劳动供给刚性较大。

（4）资本要素投入比例以林琳等（2016）的赋值作为参考，设定基准值为 0.33。但为区分国有企业劳动密集型与民营企业资本密集型的特点，现假设两类企业中的资本要素投入比例分别为 $\alpha_s = 0.22 < 0.44 = \alpha_p$。

（5）国有企业与民营企业的劳动力调整成本主要参考了林仁文和杨熠（2014）的研究。该研究认为，民营企业人员的流动远远高于国有企业,并且为使模拟值尽可能地接近真实经济的产出波动,本书取国有企业劳动力调整黏性系数为 $\varphi_s = 2.5$,民营企业为 $\varphi_p = 0$。

(6)在企业负债率方面,依据公开数据显示,国有企业资产负债率约为 65.6%,而西藏上市民营企业资产负债率约为 30%。为方便后文数值模拟,本书设定国有企业的杠杆系数稳态为 $m_s = 1.656$,民营企业为 $m_p = 1.3$。另外,据德银估算,中国城镇居民信用负债最高约为 15%,故设定家庭 a 的负债率稳态为 $m_h = 1.15$。

(7)由于西藏执行西部大开发等特殊优惠税收政策,除采矿业和矿业权交易行为外,西藏自治区在全国企业所得税 15% 的税率基础上减免地方分享的部分,实际企业所得税税率统一为 9%,[①] 故这里设定国有企业与民营企业的税率分别为 $\tau^s = \tau^p = 0.09$。主要相关参数校准如表 5-1 所示。

表 5-1   主要参数校准

参数	说明	赋值
β	主观贴现因子	0.99
δ	资本折旧率	0.0025
X_a	城镇家庭劳动供给弹性	0.4
X_b	农村家庭劳动供给弹性	0.2
α_s	国有企业资本要素投入比例	0.22
α_p	民营企业资本要素投入比例	0.44
φ_s	国有企业劳动力调整黏性系数	2.5
φ_p	民营企业劳动力调整黏性系数	0
m_s	国有企业杠杆系数稳态	1.656
m_p	民营企业杠杆系数稳态	1.3
m_h	家庭杠杆系数稳态	1.15
τ^s	国有企业税率	0.09
τ^p	民营企业税率	0.09

---

① 《西藏自治区人民政府关于印发西藏自治区招商引资优惠政策若干规定(试行)的通知》(藏政发〔2018〕25 号)。

5.5 模拟结果

通过本书前 3 章的分析可知，财政贴息政策（西藏的财政贴息政策）即政府代承贷主体支付部分或全部贷款利息，在实践过程中包括财政贴息资金的"量"和贷款利率水平的"价"两层含义，即涉及人民银行作为利率决策部门和财政作为贴息资金发放部门两者的政策行为，为刻画两部门决策行为，本章假定模型存在两种冲击，由财政部门决定的贴息政策和利率主管部门决定的利率政策，前者主要是量的冲击，后者主要是价的冲击，下面分别讨论两种政策冲击的作用效果（见图 5 - 2）。

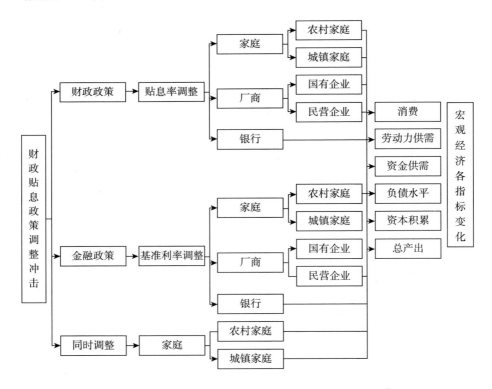

图 5 - 2　政策效应微观传导机制

（一）贴息政策

首先对贴息政策冲击进行模拟，这里假设冲击持续系数为 0.6，冲击大小为 0.001，等价于贴息率上调 10 个基点。图 5 - 3 至图 5 - 5 分别报告了对家庭、厂商与银行进行贴息政策的脉冲响应结果。

在图 5 - 3 中，我们首先对家庭实施贴息政策，由于家庭 a 为居民贷款者，贴息政策导致其借贷成本减少，借贷 B_a 增加，故家庭 a 的消费随之增加。其次，家庭 a 的借贷增加可视为其收入增加，则根据消费—劳动分离的效用函数可知，此时家庭 a 倾向于享受闲暇而减少劳动时间，因此其劳动供给 L_a 出现下降；同时，又由于厂商生产函数形式为柯布—道格拉斯生产函数，厂商所雇佣的劳动成比例下降，故家庭 b 的均衡就业情况 L_b 也出现相同比例的下降。此外，由于厂商生产函数

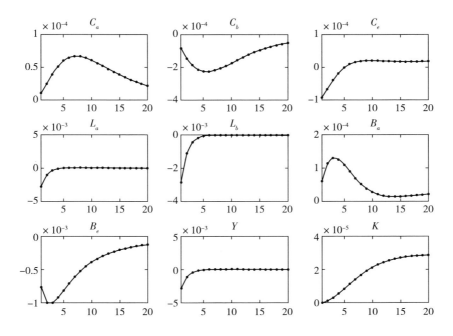

图 5 - 3　对家庭实施贴息政策

具有一次齐次性，劳动需求的下降导致厂商借款下降，产出下降；但同时厂商为弥补产出过程中劳动的下降，转而积累较多的资本，故 K 增加。

在图 5 – 4 中，我们对国有企业与民营企业同时施加了贴息政策。在政策冲击下，厂商消费出现上升，但居民消费相对出现下降，但降幅十分微弱。之所以这样，很可能是模型中某些行为方程的超调现象。由于贴息政策的作用，企业贷款总体呈上升趋势，这也导致其存在扩充产能的倾向，故生产过程中的劳动需求与产出上升；同时，由于家庭的抵押约束是以工资收入为基准，劳动供给的增加将引致工资收入增加，则家庭最终贷款数量也相应增加。在忽略模型超调反应的基础上，家庭的劳动供给总体上升，这与厂商的扩充产能行为一致。另外，由于生产函数为一次齐次，则在产出与劳动的动态过程中，资本存量出现下降趋势，但下降幅度较小。

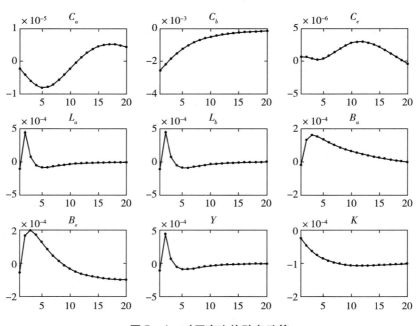

图 5 – 4 　对厂商实施贴息政策

图 5-5 为对银行实施贴息政策的结果。当对银行施加贴息政策时，银行对家庭部门以及企业部门的贷款数量出现明显的增加，即 B_a、B_e 都向上偏离。由于社会贷款总量增加，约束条件下家庭与企业资源相对充裕，一方面，家庭与企业的消费 C_a、C_b、C_e 都向上偏离；另一方面，由于企业可获贷款数量增加，其产能也相应地出现扩张，故对劳动与资本的需求相应增加，进而 L_a、L_b、K 被推升。基于此，产出 Y 随之增加。

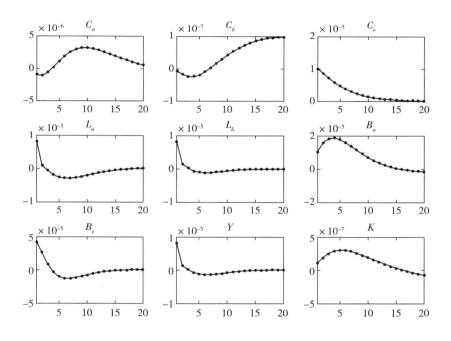

图 5-5 对银行实施贴息政策

为进一步说明三类贴息政策对经济影响的重要性差异，我们对三类贴息政策进行了方差分解，分别从第 1 期、第 10 期、第 20 期的冲击贡献权重来判断贴息政策正确的实施方式，结果如表 5-2 所示。

如表 5-2 所示，家庭部门贴息对第 1 期、第 10 期、第 20 期中 C_a、C_b、L_a、L_b、B_h、Y 变动为主要影响，就政策效力上而言，表明将贴息

表 5 - 2 贴息政策方差分解

	第 1 期			第 10 期			第 20 期		
	家庭贴息	厂商贴息	银行贴息	家庭贴息	厂商贴息	银行贴息	家庭贴息	厂商贴息	银行贴息
C_a	99.2%	0.07%	0.73%	99.9%	0.09%	0.01%	99.88%	0.11%	0.01%
C_b	99.66%	0.34%	0.00%	99.93%	0.07%	0	99.86%	0.07%	0.07%
C_e	0.13%	99.87%	0.00%	0.08%	99.92%	0	0.09%	99.91%	0
L_a	99.84%	0.16%	0.00%	97.36%	2.64%	0	97.35%	2.65%	0
L_b	99.85%	0.15%	0.00%	97.54%	2.46%	0	97.52%	2.48%	0
B_e	56.37%	43.36%	0.27%	38.95%	60.78%	0.27%	33.97%	65.85%	0.18%
B_h	99.92%	0.06%	0.02%	97.70%	2.28%	0.02%	97.71%	2.25%	0.04%
Y	99.85%	0.15%	0.00%	97.39%	2.61%	0	97.47%	2.53%	0
K	0%	100%	0.00%	2.16%	97.84%	0	4.66%	95.34%	0

政策施加于家庭部门要优于厂商与银行。但在厂商消费 C_e 与资本积累 K 上，对厂商的贴息政策要绝对优于其他两类政策。之所以这样，是因为家庭消费 $C_a + C_b$、家庭劳动供给 $L_a + L_b$ 以及家庭借贷 B_h 主要由家庭部门决策决定，故对家庭部门的贴息政策将直接影响这些决策变量的变动，同时模型中的产出 Y 绝大部分程度受需求端影响，故家庭需求的变动对产出的影响至关重要；而厂商贴息政策绝大程度只影响了厂商消费 C_e 与资本积累 K，因为这两类变量主要依赖于厂商决策。另外，在第 1 期时，家庭贴息主要影响了企业借款 B_e 的变动，然而在第 10 期以及第 20 期由厂商贴息政策主导，这种变动原因主要是由于产出波动很大程度依赖于家庭消费，最初的家庭消费变动将主要影响产出水平调整，进而影响厂商借贷，即家庭贴息政策冲击在初期对厂商借贷的影响较大；而在家庭消费需求变动过后，厂商自行的生产调整占主导，此时厂商生产约束都将受其借贷影响，故此时厂商的贴息政策对 B_e 的影响较大。这里值得注意的是，银行贴息政策未能对经济各变量产生显著的影响，说明对银行施加贴息政策意义不大。

（二）利率放开

为考虑利率放开政策，我们这里对三类贷款利率R_a、R_s、R_p分别设置了参数冲击。以家庭贷款利率R_a为例，假设存在参数乘子 $\varXi_t$ 满足$\log\varXi_t = \rho_\varXi \log\varXi_{t-1} + \varepsilon_{\varXi,t}$，即均衡时存在 $\varXi_t = 1$，则有 $\varXi_t R_{b,t}$ 在均衡时不改变模型性质。为考察变动逻辑，这里假设冲击持续系数为 0.6，冲击大小为 0.001，等价于利率上限放松 10 个基点。

图 5-6 对家庭贷款利率施加正向冲击后，家庭贷款 B_a 显著下降，则由家庭约束可知家庭收入减少，支出增加，故家庭 a 可支配的消费也将随之降低；同时，为弥补收入下降，家庭 a 的劳动供给意愿增加，即 L_a 上扬。其次，受家庭 a 消费下降的影响，社会供需失衡，为匹配需求端变动，总产出 Y 也随之下降，虽然家庭 b 消费保持不变或轻微上升，但上升幅度远不如家庭 a 的需求降幅，故总产出下滑。这可能意味着普

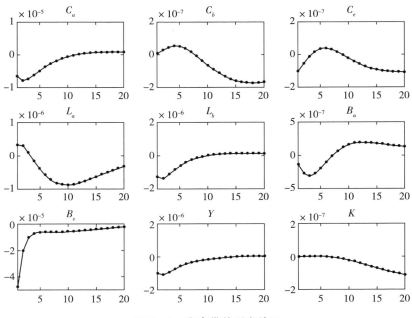

图 5-6　家庭贷款利率放开

惠金融深度原因对农村家庭影响不大，模型中农村家庭多为储蓄方，贷款利率放开对农村储蓄影响较小，因为农村的储蓄多为刚性。正因为总产出下行，经济活动收缩，厂商的生产意愿下降，此时其贷款意愿 B_e、劳动需求 $L_a + L_b$ 以及资本积累 K 总体下行，说明利率市场化后，市场利率的上升将导致经济轻微程度萎缩。

图 5-7 报告了国有企业贷款利率放开后的冲击结果。在给予国有企业贷款利率正向的参数冲击后，家庭劳动力供给下行。其中，家庭 a 中的劳动供给 L_a 下行幅度高于家庭 b 的 L_b，之所以这样是由于家庭 a 为国有企业提供了绝大部分劳动力供给。因此，由于家庭 a 的失业情况要比家庭 b 严重，故家庭 a 的消费 C_a 降幅也将高于家庭 b 的 C_b。同时，由于国有企业状态恶化，间接引致家庭部门收入下降，则由家庭 a 的抵押约束可知家庭 a 的可获贷款数量下降，进一步由家庭的收支平衡约束可知，社会整体的消费水平下降，经济萎缩，故产出 Y、资本积累 K 以及企业消

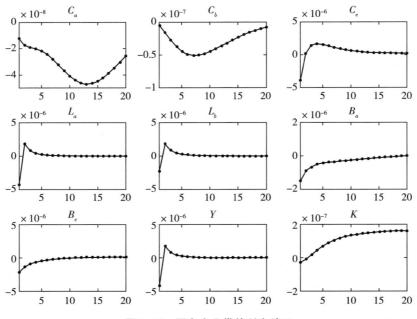

图 5-7 国有企业贷款利率放开

费 C_e 随之下降。

图 5-8 报告了民营企业贷款利率放开的情形。在给予民营企业贷款利率正向冲击的情况下，厂商整体贷款总量 B_e 下行，引致其生产意愿下降，进而导致家庭部门的就业情况 $L_a + L_b$ 下行，但由于利率放开冲击施加于民营企业，则 L_b 的降幅要高于 L_a。同时，由于家庭就业水平下降，则其收入相对减少，进一步导致了两类家庭的消费水平 C_a 和 C_b 下降，此时经济需求端萎缩，为保持供需平衡故供给端相应下行，即 Y 减少。另外，由于家庭收入减少以及厂商生产意愿下降，则家庭贷款总量 B_a 与资本积累 K 下行。

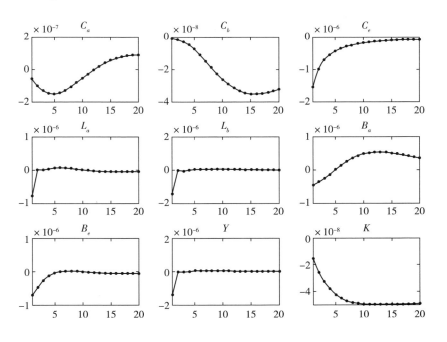

图 5-8　民营企业贷款利率放开

表 5-3 为三种利率放开政策下的方差分解。在三种利率同时放开的情况下，可见家庭消费 $C_a + C_b$、家庭劳动供给 $L_a + L_b$ 以及家庭借贷 B_h 主要受到家庭利率放开的影响，其原因类似于贴息政策的分解，即

以上三类变量决策主要由家庭决定；同样，与贴息政策的分解结果一致，由于产出主要受家庭消费需求的影响，故产出 Y 主要受家庭利率放开冲击影响。同时，因为厂商消费 C_e、厂商借贷 B_e 以及资本积累 K 主要受到厂商决策的主导，则以上三类变动被厂商的利率放开冲击所影响。但值得注意的是，在厂商消费与社会资本积累的变化中，国有企业中的对应变化比重要高于民营企业，这与国有企业在中国经济中产值比例占比的现实一致。与此不同，厂商借贷 B_e 中民营企业受利率放开冲击影响较大，这主要是由于民营企业的抵押约束比国有企业苛刻，故在受到利率放开冲击时，民营企业贷款数量对利率变动更为敏感。

表 5 – 3　　　　　　　　　利率放开方差分解

	第 1 期			第 10 期			第 20 期		
	家庭利率	国有企业利率	民营企业利率	家庭利率	国有企业利率	民营企业利率	家庭利率	国有企业利率	民营企业利率
C_a	98.4%	1.2%	0.40%	97.9%	2.06%	0.04%	97.8%	1.20%	1.0%
C_b	97.52%	2.48%	0.00%	98.63%	1.37%	0%	98.63%	1.37%	0%
C_e	0.45%	66.49%	33.06%	0.21%	66.73%	33.06%	0.19%	65.34%	34.47%
L_a	98.48%	1.22%	0.30%	98.42%	1.28%	0.3%	98.42%	1.21%	0.37%
L_b	98.56%	0.41%	1.03%	98.44%	0.53%	1.03%	98.44%	0.42%	1.14%
B_e	44.92%	23.26%	31.82%	33.47%	33.61%	32.92%	29.95%	22.69%	47.36%
B_h	99.24%	0.57%	0.19%	98.66%	1.15%	0.19%	98.64%	0.83%	0.53%
Y	99.43%	0.46%	0.11%	96.93%	2.96%	0.11%	96.89%	1.68%	1.43%
K	0%	64.26%	35.74%	1.28%	62.98%	35.74%	2.62%	59.21%	38.17%

进一步，为考察贴息政策与利率放开同时存在的情形，我们对两类政策的综合情况进行了方差分解。其中，贴息政策主要以家庭贴息为代表，而利率放开也以家庭利率放开为代表，原因是以上两类指标变动对经济的影响占主导地位。另外，由前人研究推知，利率波动对经济的影响多为短期现象，而财政支出的冲击较多地构成了中长期影响。因此，这里为显著区分两类政策上的长短期效应，方差分解仅考察第 1 期与第 50 期，结果如表 5 – 4 所示。

表 5 - 4   利率放开与贴息政策的方差分解

	第 1 期		第 50 期	
	贴息政策	利率放开	贴息政策	利率放开
C_a	19.26	80.74	86.4	13.6
C_b	52.14	47.86	69.63	30.37
C_e	51.71	48.29	90.1	9.9
L_a	37.35	62.65	83.13	16.87
L_b	72.78	27.22	80.32	19.68
B_e	49.79	50.21	50.16	49.84
B_h	4.7	95.3	60.28	39.72
Y	57.04	42.96	93.07	6.93
K	50.37	49.63	97.33	2.67

在表 5 - 4 的三项消费结果中，利率放开在初期对家庭 a 的消费占主导，而对家庭 b 与厂商的消费影响与贴息政策较为接近，但略劣于贴息政策。之所以这样，主要是因为利率放开政策的核心指标为家庭贷款利率放开，而家庭 a 为家庭部门的主要借款方，故利率冲击对家庭 a 的消费有绝对影响。但在第 50 期后，贴息政策对三类消费的影响逐渐占主导地位，这也与财政政策的中长期影响相关。与此类似，在劳动供给的变化中，家庭 a 的劳动供给在初期主要受利率放开的影响较为明显，而在第 50 期后，贴息政策的影响重回主导地位，相同的变化原理在家庭借款上也有体现。宏观变量上，两类政策在初期对总产出与资本积累的影响平分秋色，在第 50 期时贴息政策的影响几乎成为产出与资本积累的主要影响源头，这一方面说明结构性财政政策对宏观经济的长期拉动是优于利率放开的，另一方面也说明短期的利率放开在长期上将被结构性财政政策所弥补。此外，两类政策对厂商信贷的影响在初期与末期变动不大，说明对家庭部门同时实行利率放开政策与贴息政策时，厂商信贷将不受影响。

6 模型结构性拓展及财政贴息政策有效性讨论

西藏是正在发生深刻结构变化的转型经济区域,"三重二元"经济结构特征对于财政贴息政策有效性的长期增长和短期波动都具有决定性的影响。结合第 4 章关于西藏经济结构的"三重二元"特征,分别对家庭向企业劳动供给的比例 ϱ、厂商生产中要素投入比例 α、厂商抵押约束 m 三类参数进行敏感性测试。为方便说明三类参数的变动过程,这里分别定义参数序列 $\{\alpha_j\}_{j=1}^n$,$\{\varrho_j\}_{j=1}^n$,$\{m_j\}_{j=1}^n$,表示三类参数的渐进变动过程;进一步,根据参数渐进形式定义向量 $\theta_j = [\alpha_j, \varrho_j, m_j]'$,则模型参数的统一变动由矩阵 $\Theta = [\theta_1, \theta_2, \cdots, \theta_n]$ 刻画。下面首先分析厂商生产中要素投入比例 α 对经济加总变量 Y 的影响,即生产由传统向现代转变过程中经济增长的变动情况。

6.1 城镇与农村二元化拓展

图 6-1 报告了家庭贷款利率下降时,劳动分配比例对加总产出的影响。由前文定义,ϱ 为两类家庭分别对国有企业与民营企业的供应比例(这里归总处理后两类家庭可由同一 ϱ 表示),则 ϱ 越大表明劳动供给越自由,并且向民营企业提供的劳动供给越大。由图 6-1 结果显示,当 ϱ 的水平较低时,家庭利率降低对产出的影响较小,但二阶效用依然为正($Y|_{R_a = -10 \times 10^{-5}} > Y|_{R_a = -2 \times 10^{-5}}$)。这里值得注意的是,当 ϱ 增大时,家

庭贷款利率下降对产出增加的影响将更为强烈，即 $Y|_{\varrho=0.8,R_a=-10\times10^{-5}} \gg$ $Y|_{\varrho=0.2,R_a=-10\times10^{-5}}$。之所以这样，可能是因为当劳动供给放开之后，民营企业可获得更多的劳动力供给，由于民营企业潜在生产力高于国有企业，此时社会平均劳动生产率水平将被推升，故加总产出随之升高。

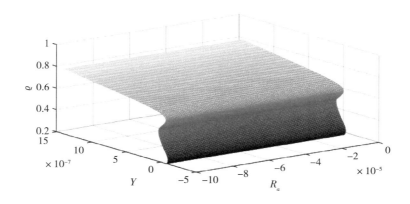

图 6-1　劳动供给分配不同比例条件下家庭利率放开对加总产出的影响

图 6-2 报告了家庭贴息政策下劳动供给分配比例对加总产出的影响。由图 6-2 可知，在劳动供给比例较低时，家庭贴息政策对产出的影响主要由闲暇决定，此时劳动供给自由化程度较低。而在供给分配比

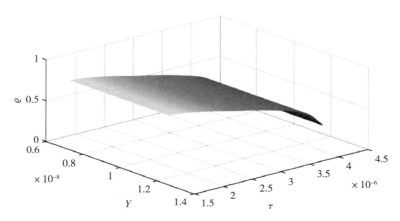

图 6-2　劳动供给分配不同比例条件下家庭贴息政策对加总产出的影响

例上升时，民营企业获得了更高的劳动力水平，虽然此时仍然存在闲暇效应，但民营企业的生产效率提升弥补了闲暇效应造成的产出水平下降，进而使社会总产出上升，故在 ϱ 较高时，产出水平较大。这一内生逻辑与图 6 – 1 一致。

6.2 国有企业和民营企业二元化拓展

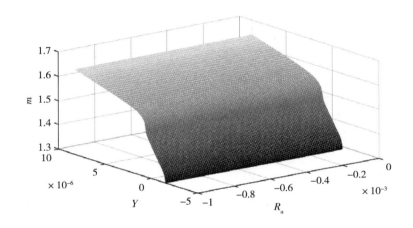

图 6 – 3 不同抵押杠杆比例下家庭利率放开对总产出的影响

为考察信贷市场化对厂商融资约束的影响，这里假设国有企业抵押杠杆比例由高向低演进，最终贴近于民营企业的融资抵押杠杆比例，即市场融资抵押杠杆比例。可以发现，当该比例较高时，国有企业可获得较多的银行贷款，最终引致产出水平较高，故在家庭利率降低时，社会加总产出较高。而在国有企业抵押杠杆比例逐渐下降时，利率降低引致的产出增加逐渐减小，说明国有企业产出能力逐步降低。因此，我们可以认为抵押杠杆率比例的降低将可能一定程度地拖低产出水平，结合2017 年底至 2018 年初的去杠杆对经济下行造成的冲击，在国有企业占据我国国计民生主要地位的现实下，金融市场化需在一定基础之上进行推进，并需循序渐进，尽量减少与缓解市场化或者去杠杆过程中可能出现的负面经济反应。

图 6 - 4 报告了家庭贴息政策下，抵押杠杆比例对总产出的影响。如图 6 - 4 所示，当国有企业抵押比例降至市场化利率时，产出出现明显的下降，这一内生逻辑与图 6 - 6 一致，说明在现有的经济结构下，国有企业的高杠杆抵押水平有效提高了社会总产出水平。另外，在抵押水平较高时，家庭贴息政策的增加使产出水平轻微提高，而当抵押水平较低时，贴息政策使产出水平轻微下降。之所以这样，主要是因为国有企业抵押水平较高时，家庭闲暇导致的产出水平下降可由国有企业的高水平信贷进行弥补，而当抵押水平下降时，这一弥补效果不再显著。

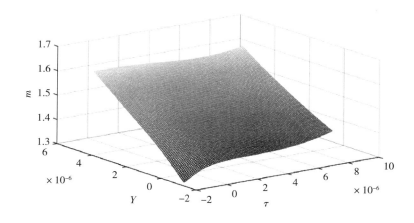

图 6 - 4 不同抵押杠杆比例下家庭贴息政策对总产出的影响

6.3 传统与现代二元化拓展

图 6 - 5 报告了生产要素投入比例不同条件下，家庭贷款利率变化对经济加总产出的影响。由图 6 - 5 可知，在不考虑 α 变动时，家庭贷款利率下降促进了产出增加，这与现实经济变动一致，但在考虑 α 变动时，产出与利率的变动出现一定程度的结构性特征：在 $\alpha \in [0.2,$ 0.25] 内，产出增加主要由利率下降的幅度所维持，而在 α 足够高时，

产出增加可由资本投入所维持。这也表示生产向现代转变过程中，经济的自然产出水平将增加。

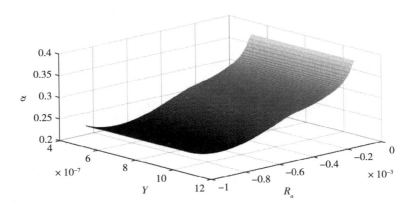

图 6-5　生产要素投入比例不同条件下家庭利率放开对加总产出的影响

图 6-6 报告了家庭贴息政策下，生产要素投入比例对加总产出的影响结果。由图 6-6 可见，当给予家庭贴息政策时，产出因家庭闲暇作用出现轻微下降，并且这种下降程度在资本要素投入比例较低时较为明显，表示此时厂商生产主要以劳动要素投入为主。而当资本要素投入比例上升时，产出下降程度缓和，甚至出现轻微上升。这主要是因为当资本要素投入比例较高时，厂商对劳动的依赖较少，闲暇对厂商投入的

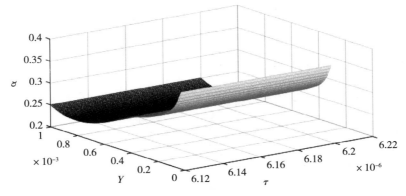

图 6-6　生产要素投入比例不同水平下家庭贴息政策对加总产出的影响

影响大大下降，并且由家庭借贷约束可知贴息政策将增加家庭的消费，故加总产出上升。

由上述模拟结果，可将两种政策冲击下三类结构性参数对产出的影响总结如表 6 – 1 所示。

表 6 – 1　　　　不同结构性参数条件下两类政策冲击对产出的影响

结构参数	利率放开	贴息政策
要素投入比例 α 上升（或某一区间内 $\alpha \in [0.25, 0.375]$，否则 BK 条件不满足）	正效应	正效应
劳动供给分配比例 ϱ 上升（或某一区间内 $\varrho \in [0.2, 0.8]$）	正效应	正效应
抵押杠杆比例 m 下降（民营企业水平 $m_s \in [1.63, 1.3]$）	负效应	负效应

由前述模拟结果可见，要素投入比例与劳动供给分配比例的增加都将改善经济增长情况，使产出水平更高，这意味着厂商生产由劳动密集型向资本密集型转换可一定程度推高产出水平，让潜在产出效率得到进一步释放。而劳动供给分配比例上升，一方面，意味着劳动要素流动更加自由，能使劳动力由非效率厂商流向效率厂商，优化了厂商群体的生产结构比例，增加了生产效率；另一方面，劳动要素的自由分配使劳动供给方可获得更为匹配的薪资水平，推升了其相对收入水平，进而使社会消费总量上升，故产出上升。但是，抵押杠杆比例的下降将使厂商整体融资能力缩水，抑制了其生产意愿与雇佣劳动力的积极性，因此融资市场化放开的前提是有一定的经济基础。此外，我们发现，模型中抵押杠杆比例对产出造成的下降要小于要素投入比例与劳动供给分配比例上升对产出的促进，故总体而言结构性参数改善将促进产出增加。

依据三类贴息政策的方差分解，可知家庭部门贴息效用最高，厂商贴息效用其次，银行贴息效用最低。这一根本性原因在于区域经济发展的源头来自居民对产品供给的需求，而该需求受制于家庭收入与居民借贷约束的影响。虽然现有贴息政策已施加于银行贷款事项上，但家庭借款意愿仍无法受到有效激发。因此，给予家庭贴息政策的支持本质上是为解决家庭贷款意愿萎缩或低迷的状态，使西藏区域家庭需求向产出供给匹配，有效提升区域内经济增长。另外，在居民需求逐步上涨的同时，给予厂商选择性的结构贴息支持也是改变西藏经济结构的有效方式之一，这与供给侧结构性改革的方针思路一致：在结构性参数分析内，可以看到贴息政策下，借贷抵押杠杆较高的国有企业对产出的促进作用将大于大多数借贷杠杆比例较低的厂商，这说明在厂商贴息总量政策实行上，高借贷杠杆比例的国有企业是需要额外考虑的一类重点，这与现实情形也保持了一致。除高借贷杠杆比例的国有企业外，现代化资本密集型企业也是贴息政策之下推升产出的重点力量之一。由结构参数分析可知，当资本投入逐步上升时，产出增加出现了显著提升，之所以这样是因为劳动密集型产品具有特定的需求结构限制，而在西藏区域家庭需求上升时，该结构限制将导致供给与需求不匹配，故在厂商生产过程中需要以资本密集型产品进行补充，填补需求空洞，因此在贴息政策下高资本密集型厂商能够支持产出进一步上涨。

6.4 结构性拓展下的财政贴息政策福利验证

在前文中已粗略定义"三重二元"的开放程度指标，但为方便福利分析，这里给出数学上更为细致的构建方式。由模型参数可知，文中三元特征主要包括：（1）家庭向企业劳动供给的比例ϱ，这一系数大小代表劳动力的自由流动；（2）厂商生产的要素投入比例α，该系数代表厂商生产方式是否由劳动密集型转为资本或技术密集型；（3）厂商抵押杠杆m，该系数刻画了厂商资金获取的难易程度。基于此，定义参数序列$\{\alpha_j\}_{j=1}^n$，$\{\varrho_j\}_{j=1}^n$，$\{m_j\}_{j=1}^n$，其序列依大小进行排序，为令其三者变化统一，这里进一步定义向量$\theta_j = [\alpha_j, \varrho_j, m_j]'$，其大小视为范数

$$\Theta = \|\theta_j\| = |[\alpha_j, \varrho_j, m_j]'|$$

其中，$\left|\left[\alpha_j,\varrho_j,m_j\right]'\right|$ 为向量的模。为保证福利分析的有效性，需对福利函数进行选择。由于本书不涉及最优政策设计，故不需要推导福利损失函数，但为规避使用简约型（Reduced Form）福利函数所导致的测量偏差，本书将使用递归性质的福利损失函数，推导过程如下。

首先，以家庭部门加总效用作为社会福利变化的标准，据此将效用函数写成递归形式如下

$$W_t = U(C_t,L_t) + \beta\,\mathbb{E}_t\,W_{t+1} \tag{6-1}$$

对上述线性对数化（使用 Uhlig 法）并向前递归，得到

$$\widetilde{W}_t = \frac{\partial U_C \cdot C \cdot \widetilde{c}_t + \partial U_L \cdot L \cdot \widetilde{l}_t}{\overline{W}} + \beta\,\mathbb{E}_t\,\widetilde{W}_{t+1} = \sum_{s=t}^{\infty}\beta^{s-t}\frac{\mathcal{M}_s}{\overline{W}} + \beta^s\,\mathbb{E}_t\,\widetilde{W}_{t+1} \tag{6-2}$$

式（6-2）中，$\mathcal{M}_s = \partial U_C \cdot C \cdot \widetilde{c}_t + \partial U_L \cdot L \cdot \widetilde{l}_t$，且当 $s\to\infty$ 时，$\beta^s\,\mathbb{E}_t\,\widetilde{W}_{t+1}\to 0$。因此，在式（6-2）基础上考虑未来福利贴现，可最终得到

$$\mathbb{E}_0\sum_{t=0}^{\infty}\beta^t\,\widetilde{W}_t = \frac{1}{\overline{W}}\mathbb{E}_0\sum_{t=0}^{\infty}\beta^t\sum_{s=t}^{\infty}\beta^{s-t}\,\mathcal{M}_s = \frac{1}{\overline{W}}\cdot\mathbb{E}_0\sum_{t=0}^{\infty}(1+t)\,\beta^t\,\mathcal{M}_t \tag{6-3}$$

由此，式（6-3）的计算结果衡量了不同经济状态下福利偏离值的总和，同时该结果与二次近似福利损失的经济含义一致。为在分析福利偏离的基础上考虑不同经济状态下的福利水平大小，可令式（6-3）与对应政策的福利稳态求和，即 $(1-\beta)^{-1}\overline{W} + \mathbb{E}_0\sum_{t=0}^{\infty}\beta^t\,\widetilde{W}_t$。

基于此，下面将对本书模型中所刻画的经济进行福利测度。为展现西藏经济在"三重二元"约束减弱过程中的变化，选取 $\Theta\in[0.1,0.5)$，则基于前文所设定的两类冲击（利率放开与贴息政策），福利结果如表6-2所示。

表6-2 福利检验结果

冲击类型	福利状态	0.1	0.25	0.4
利率放开	福利损失	0.1115	0.0497	0.0429
	福利稳态	9.8842	10.6624	11.8813
贴息政策	福利损失	0.1109	0.0070	0.0019
	福利稳态	10.9063	10.8324	10.5669

如表6-2所示，从总体结果来看"三重二元"约束减弱使经济福利显著好转，该情形在福利的水平变化（稳态）与二阶变化（动态损失）上都有体现。在 Θ 取值为0.1时，利率放开与贴息政策环境下福利的二阶变化皆约为0.11，表明在"三重二元"约束较紧时，两种冲击造成的福利损失相似，且损失较大；而当 Θ 取值增大时，此时"三重二元"约束逐渐缓解，福利的动态损失逐渐下降，但要注意的是贴息政策冲击环境下福利损失下降的幅度更加明显。之所以这样，主要可能是因为，一方面，贴息政策作为补贴政策在"三重二元"减弱的情形下有直接的福利提升影响；而利率放开主要是促进市场的竞争，竞争所导致的福利提升具有一定时滞作用，故在"三重二元"减弱情形下利率放开对福利的影响实为间接效用，则它相比贴息政策作用较弱。另一方面，Θ 由小变大的过程中，福利动态损失的减少暗示"三重二元"减弱是提升社会福利的一个根本性原因，即约束减少后经济配置将更为有效。从福利稳态来看，"三重二元"减弱都保证社会福利水平变化在一个较高的层次，但这里比较重要的一点是，随着 Θ 增大，两类冲击下社会福利稳态出现了相反的变化：在利率放开中，福利稳态由小转大，而贴息政策中，福利稳态出现轻微下行。这主要是由于福利稳态衡量的是无穷期福利总量的变化，而从无穷期限框架下来看，市场竞争对出清配置有效性的影响要高于财政干预，这也意味着西藏经济就长期而言需要坚持利率放开路线，同时需要贴息政策逐渐退出。

通过以上分析我们可以得出以下结论：

1. 对家庭部门贴息效用最高，厂商贴息效用其次，银行贴息效用最低。

2. 要素投入比例的增加都将改善经济增长情况，使产出水平更高。

3. 劳动供给分配比例的增加都将改善经济增长情况，使产出水平更高。

4. 抵押杠杆比例的下降将使厂商整体融资能力缩水，抑制其生产意愿与雇佣劳动力的积极性，使产出水平降低。

5. 抵押杠杆比例对产出造成的下降要小于要素投入比例与劳动供给分配比例上升对产出的促进，故总体而言，结构性参数改善将促进产出增加。

7 基于模型结论的财政贴息政策印证分析（1996—2016 年）

第 5 章和第 6 章的脉冲响应分析和结构性拓展结果，对于西藏财政贴息政策在"三重二元"经济结构背景下的实践具有显著的指导意义，但是模型结果和实践结果是否吻合还有必要结合西藏实际经济运行情况，进行进一步详细的印证分析。在本章的内容安排上，首先是在第 4 章的基础上给出了西藏"三重二元"经济结构指数的构造和测算方式，接着分析了 1995 年以来的西藏"三重二元"程度变化趋势，最后在此基础上结合财政贴息政策和经济发展的关系对财政贴息政策的有效性进行印证分析。

7.1 "三重二元"指数测量

西藏经济结构带有明显的二元特征，这是造成其经济相对贫困和落后的重要原因。本书通过第 4 章研究发现，不同于其他现有的"二元化"经济论，西藏经济呈现出"城镇与农村、国有企业和民营企业、传统与现代"的"三重二元"的独特结构特征。劳动力要素方面，西藏乡村的人口构成和落后的城市化水平使大量农村人口滞留在有限的土地上，呈现出劳动力流动城乡二元化割裂格局。资本要素方面，由于商业银行贷款利率未实行浮动机制，致使金融中介组织风险嫌恶，使银行在发放贷款时不可避免地产生了国有企业和民营企业在资金可得性上的二元化割裂。在资本收入份额和劳动收入份额方面，西藏呈现出以第一产业为主

的传统产业与第二、第三产业为主的现代产业之间的二元化割裂。本书
第 4 章从宏观、中观、微观三个层面对西藏"三重二元"经济结构进行
了分析，将其纳入以新古典经济学为核心的当代经济学主流分析范式，
并指出以宏观、中观、微观三位一体化为主线的"三重二元"经济结构
是研究西藏经济问题不可或缺的场景框架。本章将通过运用 SPSS Statis-
tics.23 统计软件，按照改进后的主成分分析法测度西藏"三重二元"指
数，并测算公布了 1996—2016 年西藏"三重二元"指数，形成横向包括
3 个基础指标、纵向包括 21 个年份的面板数据库。本书在研究西藏财政
贴息政策有效性演变之余，也为从事西藏计量模型分析的研究者提供了
研究西藏经济结构变迁与其他变量之间经济关系的有效的数量分析工具。

7.1.1　指数构造

城镇与农村二元化指数采用乡村从业人数中的非农从业人数占乡村
从业总人数的比例。采用这一指数是为了客观衡量农村劳动力向第二、
第三产业转移的趋势，避免城镇化率指数中"离土不离乡"漏出的情况。
该项指标的数据采用西藏统计年鉴的数据。乡村从业人数中的非农从业
人数 = 乡村从业总人数 − 乡村从业总人数中农、林、牧、渔业从业人数。

国有企业和民营企业的二元化指数采取民营企业资产负债率与国有
企业资产负债率的比值。通过前节分析可知，国有企业和民营企业的二
元化主要体现在信贷资金分配的市场割裂。由于西藏计划经济时期遗留
的国有（或国有控股）商业银行机构对国有企业之间授信的偏好性仍
然发挥作用，造成公有制企业和非公有企业在银行信贷可得性和信贷条
件上存在差异，国有企业由于外部融资升水较低因此更容易从商业银行
获得贷款，因此也导致了较高的资产负债率。鉴于此，过高的国有企业
资产负债率大体上说明信贷资金分配的市场化程度较低，二元化割裂程
度较高。需要注意的是，由于全区微观的企业数据的获取难度较大，现
有相关调查研究也都出入较大，因此本书采取西藏上市的 13 家企业公

开年报数据作为代表，并且这里的国有企业和民营企业是按照国有控股和非国有控股来划分。具体的企业构成如表 7-1 所示。

表 7-1　　　　　　　　西藏上市企业按所有制成分分类

民营企业	西藏发展	西藏旅游	西藏药业	西藏珠峰	易明医药	卫信康	海思科
	万兴科技	奇正藏药	梅花生物	灵康药业	华钰矿业	华宝股份	—
国有企业	高争民爆	西藏城投	西藏矿业	西藏天路	—	—	—

传统与现代的二元化系数采取第一产业的比较生产率与第二、第三产业的比较生产率的比值。通过前节分析可知，传统与现代的二元化主要体现在产业结构之间的要素收入份额的差异上，传统与现代的二元化系数是农业与非农业比较劳动生产率的比率，指数越小，表明两部门的差距越大，即二元性越强，经济越落后。理论上位于 0~1，如式（7-1）所示。

$$B_1 = \frac{G_1/G}{L_1/L}; \quad B_2 = \frac{G_2/G}{L_2/L} \qquad (7-1)$$

根据以上对指数的定义，查询上市企业公开年报得出指数原始基础数据如表 7-2 所示。

表 7-2　　　　　　西藏"三重二元"单项指数基础数据

年份	城镇与农村二元化	国有企业和民营企业二元化	传统与现代二元化
1996	6.99%	181.99%	22.45%
1997	7.60%	153.81%	19.71%
1998	8.95%	176.60%	18.09%
1999	9.08%	112.59%	16.43%
2000	10.62%	149.21%	16.31%
2001	11.76%	125.83%	15.11%
2002	14.20%	128.50%	14.71%
2003	18.55%	120.18%	15.78%
2004	19.40%	93.50%	15.02%
2005	21.41%	89.84%	15.84%

年份	城镇与农村二元化	国有企业和民营企业二元化	传统与现代二元化
2006	21.42%	123.91%	14.79%
2007	22.02%	136.39%	15.03%
2008	23.28%	135.91%	15.03%
2009	23.60%	70.18%	14.12%
2010	24.92%	59.25%	13.55%
2011	27.13%	86.74%	13.82%
2012	28.02%	83.55%	15.01%
2013	29.62%	73.05%	14.07%
2014	31.40%	79.29%	14.24%
2015	30.52%	73.84%	15.06%
2016	31.38%	74.60%	16.64%

7.1.2　"三重二元"指数的计算方法

以下介绍"三重二元"各项指数的计算方法、计算公式、权重的选取，以及"三重二元"指数的可比性、应用性等情况。了解这些计算方法既有利于准确地理解指数的数值及其变化的含义，也有利于读者合理地使用这套"三重二元"指数进行进一步的研究。

（1）单项指数的形成方法和计算公式。在本书的这套指数体系中，我们称最低一级分项指数为基础指数。每个基础指数的原始数据都来自公开可查的权威统计数据，我们将这些用于计算基础指数的原始数据作为基础指标。由于不同的统计指标互相之间缺乏可比性，不能用一个统一的尺度进行度量和比较，因此需要按照统一的计算方法将它们转换为一套可比的指数，这套指数由 3 个基础指数构成。每个指数对西藏在该年份评分代表西藏在该年份"三重二元"程度的相对位置。

为使"三重二元"指数跨年度可比，本书预先设定单项指数考察实践区间（年份区间设定为1996—2016年），并设定该区间内三个单项指数的最大值和最小值分别为1和0。就一个单项指数而言，在年份区间内二元化割裂程度最高的年度得分为1，最低的年度为0。然后，根据每个年份的指数值确定它们在0与1之间的得分。最后，由三个方面指数按照一定权重合成总指数。这样我们就能对西藏每个年份在"三重二元"方面跨年度的进步或者退步的趋势进行度量。

计算指数的方法如下：按照各单项指数对应的原始数据高低与二元化程度高低的理论关系确定计算公式。根据前文指数构造部分定义可知，指数对应的原始数据高低与二元化程度高低均负相关，即原始数据越高，二元化指数越低，因此选取指数计算方法如下。

$$第 i 个指数 = \frac{V_{max} - V_i}{V_{max} - V_{min}}$$

其中，V_i 是城镇与农村二元化指数的原始数据，V_{min} 为相对应的原始数据中最小的值，V_{max} 为对应原始数值中最大的值。

经过上述处理，得到各项基础指数如表7-3所示，已经过处理后的原始数据得出的基础指数均与二元化程度正相关，即指数越大，二元化程度越高；指数越小，二元化程度越低。而且在考察年份内，各基础指数的得分都在0~1的范围内。

表7-3　　　　　　西藏"三重二元"单项指数基础数据

年份	城镇与农村二元化	国有企业和民营企业二元化	传统与现代二元化
1996	1.00	0	0
1997	0.97	0.31	0.23
1998	0.92	0.49	0.04
1999	0.91	0.68	0.57
2000	0.85	0.69	0.27
2001	0.80	0.82	0.46
2002	0.70	0.87	0.44
2003	0.53	0.75	0.50

续表

年份	城镇与农村二元化	国有企业和民营企业二元化	传统与现代二元化
2004	0.49	0.84	0.72
2005	0.41	0.74	0.75
2006	0.41	0.86	0.47
2007	0.38	0.83	0.37
2008	0.33	0.83	0.38
2009	0.32	0.94	0.91
2010	0.26	1.00	1.00
2011	0.17	0.97	0.78
2012	0.14	0.84	0.80
2013	0.07	0.94	0.89
2014	0	0.92	0.84
2015	0.04	0.83	0.88
2016	0	0.65	0.87

（2）三项基础指数和综合指数的形成以及权重的选取。根据国内外的成熟经验，为了在三项基础指数的基础上尽量客观地得出"三重二元"综合指数，避免随机因素的干扰，本书采用了主成分分析法①来确定"三重二元"三项单项指数在整体综合指数中的权重，该方法最大的优势在于权重不是根据主观判断而形成，而是根据数据自身的客观特点所形成。本书采用 SPSS Statistics. 23 计量软件对上述基础指数进行主成分分析。

表 7 - 4   KMO 和 Bartlett 的检验

KMO 取样适切性量数		0.720
巴特利特球形度检验	近似卡方	34.919
	自由度	3
	显著性	0

① 主成分分析（Principal Components Analysis）也称主分量分析，可以起到降低维度的作用，使问题简单化。

表 7 - 4 是对本研究是否适合于主成分分析的检验。KMO 的检验标准如表 7 - 5 所示。由表 7 - 5 可知，本研究适合主成分分析的程度为一般 (0. 7 < 0. 72 < 0. 8)，因此可以用主成分分析求权重。

表 7 - 5　　　　　　　　　　KMO 的检验标准

适合于主成分分析的程度	KMO 取值范围
非常适合	0. 9 < KMO
适合	0. 8 < KMO < 0. 9
一般	0. 7 < KMO < 0. 8
不太适合	0. 6 < KMO < 0. 7
不适合	KMO < 0. 6

表 7 - 6　　　　　　　　　　解释的总方差

成分	初始特征值			提取载荷平方和			旋转载荷平方和		
	总计	方差百分比	累积%	总计	方差百分比	累积%	总计	方差百分比	累积%
1	2. 482	82. 717	82. 717	2. 482	82. 717	82. 717	1. 665	55. 504	55. 504
2	1. 350	11. 670	94. 387	0. 350	11. 670	94. 387	1. 166	38. 883	94. 387
3	0. 168	5. 613	100. 000	—	—	—	—	—	—

提取方法：主成分分析法。

从表 7 - 6 可知，第一个主成分对应的特征根 >1，提取前两个主成分的累计方差贡献率达到 94. 387%，超过 80%。因此前两个主成分基本可以反映全部指标的信息，可以代替原来的 3 个基础指标（城镇与农村二元化、国有企业和民营企业二元化、传统与现代二元化）。

表 7 - 7　　　　　　　　　　成分矩阵[a]

项目	成分	
	1	2
城镇与农村二元指数 X_1	- 0. 917	0. 306
国有企业和民营企业二元化指数 X_2	0. 938	- 0. 151
传统与现代二元化指数 X_3	0. 873	0. 483

提取方法：主成分分析法。

a. 提取了 2 个成分。

从表 7-7 可知，第一主成分与第二主成分对原来指标的载荷数分别是 −0.917 和 0.306，接下来确定指标在不同主成分线性组合中的系数，即权重。

在第一主成分的线性组合中，城镇与农村二元化的系数 $= \dfrac{-0.917}{\sqrt{2.482}} \approx -0.582$。

类似地，我们可以分别计算出各指标在两个主成分线性组合中的系数

$$F1 = -0.582X_1 + 0.595X_2 + 0.553X_3$$

$$F2 = 0.517X - 0.255X_2 + 0.816X_3$$

我们知道，表 7-6 中方差百分比表示各主成分方差贡献率，方差贡献率越大则该主成分的重要性越强。因此，对指标在这两个主成分线性组合中的系数做加权平均就可以得到单个基础指数在综合指数中的系数。

比如，城镇与农村二元化 X_1 这个指标在综合指数中的系数为

$$\frac{-0.582 \times 0.827 + 0.517 \times 0.116}{0.827 + 0.116} \approx -0.446$$

类似地，我们可以得到"三重二元"综合指数模型为

$$Y = -0.446X_1 + 0.49X_2 + 0.586X_3$$

接下来是指标权重的归一化。由于所有指标的权重之和为 1，因此指标权重需要在综合指数模型中指标系数的基础上归一化，经过归一化处理我们得到"三重二元"综合指数的模型为

$$Y = -0.707X_1 + 0.777X_2 + 0.930X_3$$

将表 7-3 数据代入后，我们可以得到西藏"三重二元"指数如表 7-8 所示。

表 7-8　　　　　　　　西藏"三重二元"综合指数

年份	"三重二元"系数	0-1 处理
1996	− 0. 707513017	0
1997	− 0. 22443766	0. 216854259

续表

年份	"三重二元"系数	0-1 处理
1998	-0.160236158	0.245674544
1999	0.421905035	0.506999811
2000	0.247487321	0.428703075
2001	0.553437309	0.566045121
2002	0.649231094	0.609047294
2003	0.716491116	0.639240559
2004	0.989901533	0.761975475
2005	0.98529258	0.759906499
2006	0.879348406	0.71234778
2007	0.793209991	0.673679937
2008	0.832597756	0.691361246
2009	1.353309515	0.925110621
2010	1.52013683	1
2011	1.381414975	0.937727262
2012	1.304113855	0.903026512
2013	1.51504623	0.997727557
2014	1.509644929	0.995290148
2015	1.432753443	0.960773285
2016	1.288119019	0.895846373

7.2 1996—2016 年指数变化趋势

按照本章上一节对"三重二元"水平的测算，从单项指数看，西藏城乡二元化指数在观察期内呈现出逐年下降的趋势，其中 2003 年下降速度最快，2015 年有轻微上升。这表明西藏乡村从业人数中的非农从业人数占乡村从业总人数的比例整体呈现上升趋势，虽然绝对水平相较全国仍然较低，但农村劳动力向第二、第三产业转移的整体趋势明显，城乡二元化结构整体呈现改善趋势（见图 7-1）。

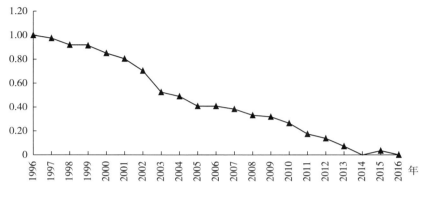

图 7 - 1　西藏城乡二元化指数趋势

西藏国有企业和民营企业二元化指数在观察期内整体呈现出上升趋势，表明西藏国有企业资产负债率相较民营企业偏高且整体差距逐步扩大，客观上呈现出资金要素分配的市场化程度较低，国有企业和民营企业经济体二元化割裂程度呈整体加剧的趋势。其中 2005 年至 2007 年一度呈现出下降趋势，2008 年之后再度迅速拉升，2011 年至 2012 年一直保持较高水平，表明现阶段商业银行机构对国有企业的偏好性仍然发挥作用，国有企业由于外部融资升水较低从而更容易从商业银行获得贷款及外部融资，因此也导致了资产负债率水平的不断推高（见图 7 - 2）。

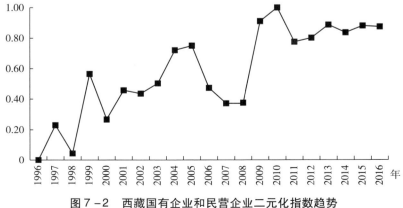

图 7 - 2　西藏国有企业和民营企业二元化指数趋势

西藏传统和现代二元化指数整体偏高，且在观察期内从 2000 年后一直处于高位水平，表明西藏第一产业的比较生产率较第二、第三产业的比较生产率整体偏低，且长期处于差距明显的状态。即西藏农业部门生产率显著低于非农业部门生产率，二元化特征显著。其中，2013 年之后传统和现代二元化指数有所下降，二元化割裂有所缓和，但整体仍然处于高位区间（见图 7 - 3）。

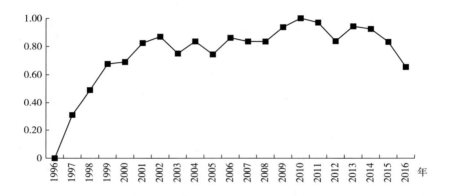

图 7 - 3　西藏传统和现代二元化指数趋势

从"三重二元"综合指数走势来看，西藏"三重二元"结构在观察期内大致分为四个时期：快速增长期（1996—2003 年）；稳定期（2003—2008 年）；突破增长期（2008—2010 年）；高位运行期（2010—2016 年）（见图 7 - 4）。

结合观察期内的西藏 GDP 增速[①]变化情况看，"三重二元"指数变化与 GDP 增速变化趋势性较强，两者有很强的相关性，具有较好的先导指标解释能力。比如，1994 年之后几年内，受中央第三次西藏工作座谈会明确进一步加大对西藏包括财政贴息政策在内的金融、交通、能源、通信等行业支持力度的利好影响，西藏地区经济增速呈现出相对较快增长的局面。但是随着 1996 年至 1999 年四年时间内西藏"三重二

———————

① 本书所有涉及 GDP 增速均为名义 GDP 增速，在不影响趋势分析的基础上不考虑物价指数调整。

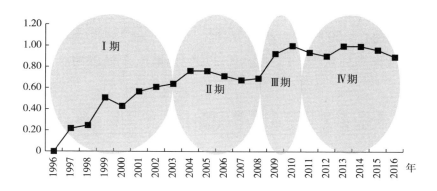

图 7-4 西藏"三重二元"综合指数趋势

元"指数的持续攀升，GDP 增速分别在 1997 年、1998 年、1999 年、2000 年呈现下降趋势；同样，2001 年至 2002 年，"三重二元"指数快速上升，GDP 在 2002 年和 2003 年呈现下降趋势；2008 年西藏"三重二元"指数再次攀升，加之受区内外复杂多变的事件冲击影响叠加，2009 年 GDP 增速出现了下降（见图 7-5）。

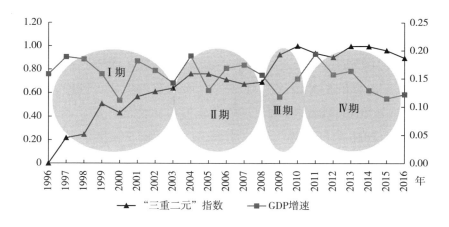

图 7-5 西藏"三重二元"综合指数及 GDP 增速比较

更进一步地，我们将"三重二元"指数视为先行指标，并定义领先一期（一年），通过将 GDP 增速后移一期可以更为明显地看出两者的拟合关系（见图 7 - 6）。在 GDP 增速作为滞后一期指标的情况下，可以看出，除了在 2009 年至 2011 年外，"三重二元"指数都呈现出经济增长的领先指标意义，即"三重二元"指数改善经济增长，反之则相反。

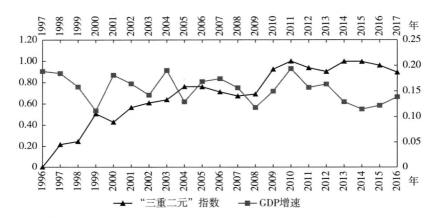

图 7 - 6 西藏"三重二元"综合指数及 GDP 增速滞后一期比较

总而言之，通过以上的分析可以看出，"三重二元"指数较好地描述了西藏经济以"三重二元"为特征的结构性变迁趋势，不仅能够比较考察时间范围内的"三重二元"程度变化趋势，还可以观察"三重二元"不同方面的得分情况并观察各分项指数的变化。同时，本书的"三重二元"指数也解决了观察期内跨年度可比性的问题，本书测算公布的 1996—2016 年"三重二元"指数，形成了横向包括 3 个基础指标、纵向包括 21 个年份的面板数据库，为从事西藏经济研究计量模型分析的研究者提供了研究西藏经济结构变迁与其他变量之间经济关系的有效的数量分析工具。

7.3 西藏财政贴息实践印证

在上一节关于 1996—2016 年西藏 21 年间的"三重二元"经济结构指数变化及其分析的基础上，我们进一步结合此期间财政贴息政策变化情况以和实体经济增速影响情况对比分析，进而对财政贴息政策有效性进行印证分析。

快速增长期（1996 年至 2003 年）。1994 年，中央召开第三次西藏工作座谈会，对工商企业的商业性贷款执行全国统一利率，但因此而增收的利息全部用于增补效益好的国有企业的流动资金，首次明确了优惠贷款利率、财政贴息等一系列特殊优惠金融政策。1996 年为贯彻中央精神，人民银行下发文件，决定实施利差返还政策，银行执行全国统一贷款利率与西藏同档次优惠利率的实收利差部分，按有关规定全部返还区内符合条件的国有企业。受该利好消息影响，1994 年至 1996 年三年时间内西藏 GDP 呈现上升趋势。1997 年至 2000 年随着"三重二元"指数上升加之受亚洲金融危机影响，西藏 GDP 增速自 1998 年连续三年出现明显下降。2001 年 6 月，中央召开第四次西藏工作座谈会，进一步明确了特殊优惠金融政策，各项贷款利率比全国低两个百分点，其差额由中央财政补贴。加之 2000 年"三重二元"指数改善，西藏经济增速随之在 2001 年企稳回升，重新进入两位数增速上升通道。按照本书对"三重二元"水平测算，1998 年至 2001 年前后，"三重二元"结构参数虽然比全国平均水平高但仍处于 0.48 ~ 0.75 的历史较低水平（见图 7 - 4），因而给贴息政策有效刺激经济增长提供了操作空间。而在此期间，2001 年的第四次西藏工作座谈会赋予的贴息政策释放的流动性有效地拉动西藏经济从 1998 年增速放缓过程中复苏。但由于随后 2001 年至 2003 年"三重二元"指数再次攀升，虽然这一时间内西藏仍然执行财政贴息为主要特征的低利率金融政策，但由于其政策效力受到限制，导致西藏 GDP 增速在 2002 年和 2003 年连续两年呈现回落态势。

稳定期（2003 年至 2008 年）。在这一阶段，西藏"三重二元"结构参数处于弱效用临界区间，"三重二元"指数与 GDP 增速呈现出滞后一期的明显负相关性，即当"三重二元"指数上升时 GDP 增速下降，当"三重二元"指数下降时 GDP 增速上升。同时在这一时期内，西藏

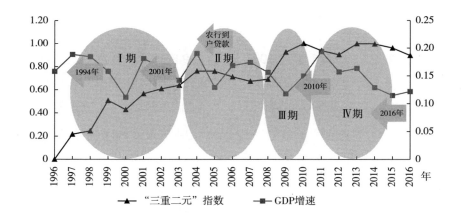

图7-7 财政贴息政策对经济总产出作用变化趋势

仍延续第四次西藏工作座谈会确定的中央财政贴息政策，政策走势整体没有太大变动。2003年至2008年前后，农行出台的农牧民小额贴息贷款政策，截至2004年末，全区农牧户贷款卡发放面积达79.05%，贷款比年初增长48.93%，在此期间内贷款贴息政策也同样有效地拉动了经济增长。结合第6章模型拓展分析结论，其经济学含义在于："三重二元"结构差异不大的情况下，劳动力和资本要素能够相对自由流动、资本要素生产率和劳动要素生产率差异不是很大，企业存在正的投资收益，无论是预算软约束企业还是预算约束企业都倾向于投资。虽然在此过程中，预算软约束企业相对较高的杠杆率挤占了预算约束企业的投资机会，但按照Kornai的理论，由于相对于预算约束企业，预算软约束企业存在明显的"投资饥渴症"，考虑到西藏经济增长仍然主要靠投资拉动，在此情况下，无论是通过提高"三重二元"结构差异还是积极的贴息政策都能使实体经济获得更多的信贷资源，都将由充满投资冲动的市场主体迅速地转化为投资，进而有效地拉动经济增长。因此，在这个时期内财政贴息政策和"三重二元"结构改善同样拉动了经济增长。

突破增长期（2008年至2010年）。2008年至2009年西藏经济受区内外复杂多变的事件冲击加之国际金融危机大环境叠加，伴随西藏

"三重二元"指数快速上升，西藏经济增长速度在 2009 年出现明显下滑。2010 年中央第五次西藏工作座谈会召开，会后财政部下文明确在 2 个百分点的基础上，把以前农行单独享受的特殊费用补贴扩展到全部在藏金融机构。随即西藏金融系统开始实行"全覆盖、高强度"的贴息政策，这一强有效的财政贴息政策刺激使原本在"三重二元"指数高位运行的宏观经济再次得到强力刺激，并在 2010 年和 2011 年呈现 GDP 增速回升态势。结合第 6 章结论分析，其背后的经济学含义在于：2008 年以来，在西藏国有企业和民营企业、传统和现代二元化指数急剧攀升的带动下，西藏"三重二元"指数进一步攀升，到达观察期最高值，导致国有企业及国有控股企业杠杆率不断迅速提高，而其他企业杠杆率逐渐降低，劳动要素生产率和资本要素生产率不断下降，经济下降趋势明显，但是由于强有力的财政贴息政策刺激，导致随后的两年里经济增速出现短暂回暖。

高位运行期（2010 年至 2018 年）。这一时期，西藏"三重二元"指数一直处于高位运行。虽然 2016 年中央召开的第六次西藏工作座谈会大体延续了第五次西藏工作座谈会以来的特殊优惠金融政策，财政贴息的力度也在不断加强，但由于"三重二元"结构的不断高位运行，经济结构割裂程度进一步恶化。2012 年至 2017 年，虽然随着西藏经济整体保持高速增长，但增速呈现出放缓趋势，最新的 2018 年增速已经跌破两位数增长。随着我国经济增长速度已经进入换挡期，国内经济进入新常态的背景下，西藏 GDP 增幅小于 10% 将成为今后一定时期的新常态。结合本书前面章节分析来看，整个 2012—2017 年，"三重二元"指数处于历史最高水平（0.75 ~ 1.0），虽然财政部、人民银行等相关部门继续出台了一系列贴息政策刺激西藏经济增长，但是由于资金配置的价格信号不是依据市场原则，而是依据财政贴息下的刚性利率，一定程度上出现了发展经济学中"没有发展的增长"（低效率）的现象。再加上由于国有企业和民营企业二元化不断加剧，财政贴息资金主要流向国有企业、政府融资平台、房地产企业、现代工业等预算软约束企业，造成了西藏整体杠杆率水平过快上升，且农村与城镇、传统与现代、国有企业和民营企业经济主体的杠杆率差异也迅速扩大。

进一步分析可以发现，2010 年以来贴息政策力度不断加大，但是其有效性迅速降低，信贷规模边际产出率不断下降，其背后的经济学原因主要体现在：资金和劳动要素不断加强集中在国有经济和现代经济主体中，导致其杠杆率不断攀升，提高杠杆率带来的投资回报已经难以覆盖成本。相反预算约束企业主观上不愿提高杠杆率，呈现减杠杆的情况。预算软约束企业大量集中于国有企业及国有控股企业、政府融资平台、房地产行业等，这类企业往往肩负着解决大量就业、拉动地方经济发展等政策性负担，或是上下游产业链复杂，即便亏损也"大而不能倒"，不断吸收低价信贷资源，但难以创造相应的产出，形成"资金黑洞"。同时，西藏几大商业银行虽已进行股份制改造，但远未摆脱"国有偏好"的特征，受"社会使命"驱动和政府干预等因素影响，仍不得不将信贷资源不断向预算软约束企业配置，但却已难以形成有效的经济增长。同时，大量低价信贷流向预算软约束的国有企业部门，一定程度对非公有制经济造成了挤出效应，使预算约束企业"融资难、融资贵"的问题更为突出。在这样的情况下，贴息政策即使继续加强，信贷规模不断攀升也难以有效刺激经济增长，随之而来的可能是在经济停滞的背景下，大量流动性释放带来的通货膨胀，即滞胀。

总而言之，通过印证分析可以看出，本书的"三重二元"理论和实证分析框架对解释西藏财政贴息政策有效性演变总体是有效的。从本书构建的 DSGE 模型得出的结论以及验证结果可以看出，整体上看，当"三重二元"结构差异处于合理区间，贴息政策有效刺激经济增长。当"三重二元"结构差异过大，财政贴息政策难以对经济增长形成有效刺激。同时也可以看到，在"三重二元"结构改善时，提高财政贴息政策力度能有效刺激经济增长，但当"三重二元"水平超过临界值后，贴息政策对经济的刺激作用将明显减弱，并且在难以拉动经济增长的同时，会带来流动性过剩甚至滞胀等问题。相应地，"三重二元"结构水平较低时，市场要素相对充分流动，财政贴息的边际收益较高，产生的扭曲较低；"三重二元"结构越严重时，政府干预的扭曲更大，获得的边际收益更低，财政贴息政策对总产出的效应更低。从而可以证明财政贴息政策的有效性并不是一成不变的，其效应取决于所作用经济体的结构制度变迁，取决于决策者总能够在每一个可以识别的结构转型的阶段对经济正在变化的客观需求作出恰当的政策改变。

8 主要结论与政策建议

8.1 主要结论

本书通过研究发现，财政贴息政策对宏观经济的影响与以经济结构变迁为主要特征的不同发展阶段存在密切相关性。当市场化经济结构水平高于临界值时，财政贴息政策能够有效地拉动经济增长；而当其低于临界值时，财政贴息政策对总产出等其他宏观经济影响的有效性将随着市场化结构水平的下降而迅速下降，直至财政贴息政策有效性微乎其微，并存在引发通胀、带来社会福利损失的风险。具体对处于结构变迁周期的西藏经济而言，财政贴息政策有效性与西藏"三重二元"经济结构程度显著相关。当"三重二元"经济结构程度小于临界值时，财政贴息政策能够有效刺激经济增长；当"三重二元"经济结构程度超过临界值时，财政贴息政策对经济增长的刺激作用会明显下降，直至影响微乎其微。此外，本书还得出以下结论。

1. 总体而言，财政贴息政策的实施对西藏整体经济总产出、资本积累以及消费等方面都起到了正面的促进作用。但从财政贴息的对象来看，在对经济总产出和家庭消费的作用效力上，对家庭部门贴息要优于对厂商和银行的贴息；在厂商消费和资本积累上，对厂商贴息要优于对家庭和银行的贴息；对银行贴息的政策未能对经济各变量产生显著的影响，对银行部门施加贴息政策的效力最低。从利率调整冲击的对象来看，在对经济总产出和家庭消费的影响效力上，对家庭部门调整利率的冲击效力要强于对厂商的利率调整冲击；在厂商消费、厂商借贷和资本积累上，对厂商的利率调整冲击效力要强于家庭部门；同时，在厂商消费与资本积累的变化中，国有企业的对应变化比重要高于民营企业；在厂商借贷中，民营企业受利率调整冲击影响较大。

2. 财政贴息政策与利率政策同时实施的情形下，利率调整政策波动对经济的影响多为短期现象，而财政支出政策的冲击则为中长期影响。短期看，利率放开对城镇家庭消费的影响占主导，而对农村家庭和厂商消费的影响与贴息政策较为接近，但略低于财政贴息政策。但长期看，财政贴息政策对三类消费的影响占主导。在劳动供给的变化中，城镇家庭的劳动供给在初期主要受利率放开的影响较为明显，从长期看，财政贴息政策的影响重回主导，家庭借款的变化情况也类似。宏观变量上，两类政策在初期对总产出与资本积累的影响接近，但长期看，财政贴息政策的影响是产出与资本积累的主要影响源头，说明结构性财政政策对宏观经济的长期拉动是优于利率传导的，另外，也说明短期的利率冲击在长期上将被结构性财政政策所弥补。此外，两类政策对厂商信贷的影响在初期与末期变动不大，说明同时实行利率放开政策与财政贴息政策时，厂商信贷将不受影响。

3. 在经济结构发展的不同阶段，针对不同的政策目标，最有效的财政贴息政策将有所差异。要素投入比例与劳动供给分配比例的增加都将改善经济增长情况，使相同的财政贴息政策下的产出水平更高。但由于抵押杠杆比例的下降将使厂商整体融资能力缩水，抑制了其生产意愿与雇佣劳动力的积极性，从而导致财政贴息政策对总产出的促进作用下降。因此，融资市场化放开的前提是要有一定的经济基础水平。此外，由于对产出造成的下降要小于要素投入比例与劳动供给分配比例上升对产出的促进，故总体而言结构性参数改善将提升财政贴息政策对总产出的促进作用。

4. 根据本书模型结论，在当前西藏经济结构"三重二元"程度较高的背景下，财政贴息政策对经济总产出的影响效应已下降至不太显著的状态，并由于财政贴息政策的有效性下降，一定程度上加剧了实体经济生产效率下降以及"投资饥渴"现象，梗阻了政策传导机制。

5. 在"三重二元"经济结构逐步改善的基础上，西藏经济能够承受财政贴息政策改革所带来的经济短期阵痛。由于生产由劳动密集型向资本密集型转换可一定程度推高产出水平，让潜在产出效率得到进一步释放。同时，劳动供给分配比例上升，一方面，意味着劳动要素流动更加自由，能使劳动力由非效率厂商流向效率厂商，优化了厂商群体的生产结构比例，增加了生产效率；另一方面，劳动要素的自由分配使劳动供给方可获得更为匹配的薪资水平，推升了其相对收入水平，进而使社会消费总量上升，故产出上升。因此，为了提升财政贴息政策的有效性，需要推动西藏城乡一体化和传统现代融合发展。在货币政策稳健或给定的情况之下，结构性的财政政策能够更有效地拉动经济增长。并且，鉴于财政贴息政策改革带来债务违约风险的上升，对投资、消费、总产出造成长期的负面影响，因此政策改革过程中要注意防范系统性金融风险。

6. 另外，本书也通过研究对财政贴息政策的内涵和外延进行了明确。财政贴息政策是指在某一确定的经济结构下，政府支付给企业或个人的，能够改变既有的金融产品和资本要素相对价格的，影响微观经济主体行为和效用，进而影响宏观经济产出的财政支出政策。广义上的财政贴息政策包括政府代金融产品消费者支付该产品的部分或者全部价格，狭义的财政贴息政策（西藏的财政贴息政策）即政府代承贷主体支付部分或全部贷款利息，包括财政贴息资金的"量"和贷款利率水平的"价"两层含义。财政贴息政策的实质是政府运用财政资金，通过金融机构渠道对金融产品和资本要素进行价格补贴的一种特殊财政支出政策，是政府对金融产品和资本要素的一种价格调控手段。财政贴息政策的目标是通过对社会效益外溢的，客观条件导致竞争劣势的对象给予一种资本要素价格补偿，以保证微观主体在金融产品、金融服务以及资本要素可获得性上的平等竞争地位，保障社会经济各区域、各行业、各群体生存和发展的起点公平，从而提高整体经济的效率。财政贴息政策的传导机理：通过改变某一特定对象（区域、行业或群体）的金融产品（具体地说是金融产品、金融服务、资本要素）的价格，使资金的相对价格结构发生变化，并通过相对价格的变化，一方面增加了享受贴息政策主体的福利收入，提高了该区域该对象的金融产品和资本要素的可获得性，提高了金融消费者的消费水平；另一方面由于贴息产品产生的替代效应，在可以替代的范围内可以更多地购买该产品，并相对减少其他产品的购买，从而产生了贴息规模非正常扩张、利差套利以及对其他金融产品和要素市场的挤压效应。最终通过两方面的传导合力改变宏观经济的消费、产出以及资本形成水平。

8.2　政策建议

通过以上结论我们可以看到，财政贴息政策有效性的充分发挥，需要包括经济结构在内的很多条件去配合，否则再多的贴息资金，再好的政策都难以有效发挥作用。同时，现实的情况是如果某一领域或某一地区经济金融运行对财政贴息政策依赖过大，以至于离开了它就不能够组织正常的金融生产和消费活动，甚至出现一些负面的影响，就需要重新审视政策的执行效果和改善路径。本书立足点是基于政策实践的学术研究，因此研究成果必须要突出"实用性"和"可行性"，下面结合本书前文研究结论就下一步西藏财政贴息政策改革提出几点政策建议。

一是西藏财政贴息政策改革应该循序渐进，既不能够立即取消，也不能够不做控制和不做调整。财政贴息政策改革需要政策制定者在采取每个改革措施之前权衡整体经济社会发展的利弊关系，不能仅仅局限于财政收支范围，而是必须要充分考虑社会效率和经济效率的整个区域经济的大账。

二是针对当前财政贴息政策在促进西藏经济快速增长中已无法发挥主体作用的实际，建议逐步降低对财政贴息政策促投资、保增长的预期，更多地让财政贴息政策专注于弱势领域的结构性调整，为新常态下西藏经济平稳健康发展提供中性稳健的货币金融环境。同时，货币政策重心应由数量型的规模导向转向精准定向型的效率导向，由"供给领先型"向"需求追随型"转变，更多地配合好财政政策、产业政策和深化改革相关政策，主动适应新常态要求，在转方式、调结构、培育特色经济增长点、防范化解经济风险以及深化经济体制改革方面创造稳健的货币金融环境，不断推进市场化改革进程，发挥好金融服务的作用。过去西藏是比较典型的投资拉动型发展模式，要在短时间内实现新旧动能和发展方式的转换，还有一定的困难。需要从上到下都及时转变观念、调整思路、创新措施，充分认识到当前由于经济结构变化影响，财政贴息政策拉动经济增长的效果已经逐步弱化，不能再寄希望于财政贴息政策成为西藏经济增长"包打天下"的唯一政策工具。

三是配合好转方式、调结构的宏观政策，逐步化解西藏"三重二元"经济结构，提高财政贴息政策的有效性。在当下，既有的财政贴息政策已经不适应新时代背景下的西藏经济结构实际，在"三重二元"经济结构仍是西藏经济重要特征的情况下，财政贴息政策应结合经济结构优化升级和供给侧结构性改革，将过去数量型贴息政策转向增强有效供给侧的结构型政策。当前，财政贴息政策应主动适应经济发展新常态，把配合好转方式调结构放到更加重要的位置。要根据经济基本面变化适时适度预调微调，配合国家和自治区其他宏观调控政策，特别是产业政策，促进经济结构转型发展。要把财政贴息政策调控与深化改革紧密结合起来，逐步硬化国有企业及国有控股企业、政府融资平台、房地产和部分不具备生产经营前景、产能过剩等市场主体的预算约束，使预算软约束企业真正成为自负盈亏、自担风险的市场主体，逐渐让市场在资源配置中真正发挥决定性作用。一方面降低预算软约束主体对其他经济主体的资金挤出效应，缓解小微、民营企业市场主体的"融资难、融资贵"问题；另一方面逐步恢复利率政策在市场调控中的功能作用。

四是坚持"能免则免，应放尽放"的原则，切实打破民营企业行业准入门槛。对于企业不使用政府投资的建设项目，实行核准备案制，推进核准范围最小化。同时认真贯彻落实招商引资优惠政策，激发民间投资活力。凡是企业能够自主决定、市场竞争机制能够有效调节，以及可以采用事中事后监管和间接管理方式的投资项目，一律取消核准。按照"非禁即入"的原则，严格执行企业投资项目管理负面清单制度，依据《西藏自治区企业投资项目核准和备案管理办法》《西藏自治区政府核准的投资项目目录》等文件要求，除范围内的项目外，一律实行备案制，由企业按照有关规定向备案机关备案，实行备案制的项目，一律不得设置任何前置条件。依法平等开放投资领域，坚决取消对民间资本单独设置的附加条件和歧视性条款，消除进入壁垒，最大限度地激发市场主体的活力。实行核准的项目只保留选址意见、用地预审等法律、法规规定需要办理的手续作为核准前置条件。

五是给予非公有制企业同等融资条件及用地政策等，严格执行税制一致、适当变通、收入全留、补助递增、专项扶持的财税优惠政策，使民营企业具有与国有企业同等的贷款机会、项目机会。引导银行业金融机构创新金融产品，改进金融服务，加大对非公有制企业的金融支持力度，增加信用贷款额度，逐步提高非公有制经济的信贷额度占比。将非公有制经济项目用地纳入年度土地供应计划和年度用地计划，保证非公有制企业与公有制企业享有同等的用地政策。对属重点项目、纳税较大的非公有制企业，在用地规模、新增用地指标上给予政策倾斜，重点给予用地保障。

六是加快农村剩余劳动力转移，逐步消除城乡差异，打破劳动力要素自由流动障碍。党的十七届三中全会通过的《中共中央关于推进农村改革发展若干重大问题的决定》中提出，要建立促进城乡社会发展一体化制度，并对此进行了部署。要严格按照中央统一部署，推进城乡振兴发展，推进改革创新，打破二元结构，加快农村发展，实现劳动力要素在城乡之间合理分布和自由流动。

七是重点支持和培育新经济增长点，提高全要素生产率，提升经济内生增长动力。当前国内经济面临严峻的增速下行压力，西藏也面临保增长、调结构的压力。传统的外延性粗放式投资已难以有效拉动经济增长，但西藏仍存在大量尚未充分释放的增长点，潜力巨大。财政贴息政策应将重心转向定向的贴息政策，在培育新的增长点中发挥重要作用。一方面要定向刺激消费，在当前经济整体疲软的大背景下，国有企业处于去杠杆过程中，杠杆率高的国有企业存在明显的"资金饥渴"和"资金黑洞"特征，难以形成有效的投资，以高投资拉动经济增长的模式在西藏"三重二元"叠加的现实情况下难以为继。可考虑以定向的信贷政策刺激消费，引导自治区经济发展方式逐步从投资拉动型向内需消费升级拉动型经济增长转变。另一方面可以定向加大支持力度，促进生产技术进步。研究表明，技术冲击对经济增长的影响巨大，是经济发展的核心动力。针对目前西藏金融对科技进步支持不足的实际，应加大金融支持科技创新工作力度，通过将财政贴息政策引导金融资源向高技术附加值产业、技术改造投资等方向和领域倾斜，推动全社会技术进步，提高全要素生产率，进而拉动经济增长。

八是保持财政贴息政策定力，为西藏经济转型升级换挡提速创造稳定的货币金融环境。在传统产业，特别是预算软约束集中的国有企业、政府融资平台、房地产行业和大型产能过剩行业逐步出清产能，而新兴产业亟待扩张的过程中，西藏的经济结构调整和发展方式转变需要保持财政贴息政策定力，在财政贴息政策调整过程中逐步释放经济结构调整和改革激发的活力以缓解政策冲击。在此期间，应当意识到，预算软约束部门在未来较长时间内仍然将是西藏经济的重要组成部分，在结构调整和预算硬化过程中，一方面要认识到部分企业通过破产等方式达到整个经济结构的优化，是一个符合经济运行规律的过程。另一方面面对经济下行压力可能持续存在的现实，财政贴息政策应保持定力，避免政策的大起大落，加大精准定向的贴息政策传导途径的探索和创新，把保持物价总水平的稳定作为核心，做好与财政、产业政策的配合，避免过紧或过松的货币信贷环境阻碍经济结构的优化，预调微调，相机抉择，逐步提高整体经济质量和新兴增长点的发展动力。

九是顺应时代发展，注重风险防控，切实转变财税金融监管思路。财政当局和货币当局要切实转变思路，应把化解当前西藏经济面临的高杠杆、"空心化"的风险作为重要的关注方向。通过本书的研究我们可以看到，金融资源向以城镇、现代化产业、国有企业为主的预算软约束主体配置，造成"三重二元"市场化发展水平迅速扩大，使大量资源沉淀于利用效率低的经济主体，不断加剧了二元化割裂程度，也在扭曲西藏整体经济结构、造成资源浪费的同时，积累了风险和经济泡沫。应当充分汲取 20 世纪 90 年代日本政府处理经济泡沫问题的教训。当时，日本政府面对经济泡沫破灭后银行不良债权激增，向银行施压追加贷款暂时缓解不良债权问题，结果是大量本应该退出市场的经济主体继续存活下来，导致巨大的资源错配，吞噬了创新，消耗了活力。同时，日本央行长期执行低利率政策锁定了这一错误路径，"僵尸企业"让日本遭受了"失去的二十年"的困境。应该把定向去杠杆作为财政贴息政策调结构的重要手段，财政贴息政策应达到的新常态是：逐步恢复利率传导机制，应该以有利于资源优化配置，有利于创新驱动力提升为原则，相机抉择。对预算软约束部门持续实施偏紧的信用环境，而对转型重点支持的有市场、有技术、能按市场经济规律运作的预算约束企业进行重点支持，逐步化解资源大量沉淀与预算软约束企业所积累的泡沫和风险。

最后，通过回顾分析发现，过去这么多年以来，西藏金融系统实际上都把数量型发展、规模扩张放在了最优先的位置，从某种意义上，完全忽视了金融的风险，对风险视而不见，甚至是对问题加以掩盖。有一些地方政府的国有企业和融资平台，实际上资产负债率已经远远超出警戒线，早已没有偿还能力，所谓的抵押品大多为公益性资产，难以变现，但是相关部门还在曲解新的债务，从账面上看银行业的不良率却在不断下降，这明显不符合经济金融运行的基本规律。防范化解重大风险是党中央、国务院今后一个时期内重要战略安排，2017 年 7 月的全国金融工作会议，把防范化解金融风险提高到一个前所未有的高度，并在中央经济工作会议上进一步明确，三大攻坚战的首要任务是防范化解金融风险，所以西藏地方各监管机构和职能部门都要围绕中央经济工作会议的部署来开展工作，要严格按照党中央、国务院要求，站在长期对西藏经济社会发展和西藏人民负责的高度，牢固树立"功成不必在我，功成必定有我"的健康政绩观，在关注数量的同时更加关注质量。

8.3 研究展望

中国少数民族经济学是一门学以致用之学，社会赋予它的基本功能就是解释发生在少数民族地区的一个个具体的经济现象和经济问题所作出的研究，应该有助于社会或政府去解决民族地区一个个具体的经济问题，研究有深有浅，观点内容有对有错，但总要与现实经济活动有关结论也应该可以被证实或被证伪，最好是能够加以付诸实践，所以本书的研究是从一个个具体的经济现象分析开始，从一个比较具体的西藏地区的财政贴息贷款问题着手，透过我国当前复杂多样的经济机制过程，分析财政贴息贷款对生产分配、消费积累等活动的影响，从而作出若干的判断。本书主要的研究目的是在充分考虑西藏实际的基础上提供一个可以量化的分析系统，为财政贴息贷款改革提供决策参考。围绕财政贴息政策如何进入宏观经济运行机制的问题，作为一个重要但冷门的研究对象一直存在的一些争议，本书试图在西藏"三重二元"经济结构的视角下，以财政贴息为切入点，构建了一个逻辑自洽的财政贴息政策传导机制分析框架，试图对财政贴息这一理论空白领域有所贡献。但是，由于目前对西藏经济尤其是结合西藏实际情况的规范性研究缺乏系统的客观分析，一个地区或社会经济的运行机制远比任何的单个生物或家庭更加复杂，因此一定程度的抽象是不可避免的，抽象即意味着相关变量的取舍和丢失。加上本书篇幅和主题所限，本书涉及但没有深入的研究领域主要有以下几点。

一是微观层面西藏财政贴息与居民福利的关系。本书主要希望了解以财政贴息为主导的西藏金融发展对西藏经济增长的促进作用及其影响机制，如果在特定的宏观经济条件背景下金融发展可以促进经济增长，那么金融服务就应进一步深化，提高经济效率，优化资源配置，促进经济发展。本书在以供给为主导的金融环境下聚焦西藏宏观的经济增长，而微观的居民福利虽在城乡可支配收入和基尼系数方面有所涉及，但是对居民尤其是贫困人口的微观福利方面没有深入讨论。西藏的市场容量很小，2008 年之前，拉萨的银行只有农业银行、建设银行和中国银行三家，到了"十二五"期间，"采取特殊费用补贴"的银行从农行一家拓展到了所有在藏银行机构。2013 年以来，西藏享有的特殊金融优惠政策，重新引导了银行信贷的供给。金融以供给为主导的方式是否具体地改善了家庭微观层面的福利，更好地支持了扶贫政策是未来研究的重点。

二是财政贴息贷款在贫困地区金融可得性问题的研究。由于金融可得性较差，贫困地区需要但无法接触到更多的金融服务。但是，贫困地区对于金融服务的需要性如何，贫困地区需不需要额外更多的金融服务，下一步笔者将结合实地调研，深入了解扶贫的政策和发展情况，包括：不同地方对于扶贫是否有需求，以及扶贫情况和政策的动态变化。如果有金融需求，进一步的问题是提供金融的成本如何，通过财政补贴，尤其是财政贴息政策，是否更为有效，成本更低？

三是政府治理产权分布对政府最优市场干预路径影响方面的研究。本书通过研究得出在不同的发展阶段，财政贴息政策的有效性并不是一成不变的，有时甚至会起到副作用。财政贴息政策如此，金融政策如此，其他产业政策更是如此，推而广之，我们站在更广阔视角下西藏经济改革发展的时代大课题是否也是如此呢？我们可以得到一个推论：发展水平越高，政府干预的边际收益越低并且边际成本越大，政府干预的程度应该更低，发展战略目标超越现阶段的程度以及发展政策实施的力度须更低。这一结论如果在现实中不成立，那么必然是政府不愿意根据禀赋结构的变化调整发展战略，尤其是削弱干预程度。因此，经济将会停留在"不适宜制度"的陷阱中。这种非收敛陷阱及其与政治经济和既得利益的相互影响机制值得进一步关注。此外，"三重二元"结构虽然在很多欠发达地区都存在，但是像西藏这样同时存在且表现显著的却不多（尤其是传统与现代的二元化表现尤为突出），这其中政府治理产权分布及体制等影响因素值得进一步研究。

附录　DSGE 模型结构

A：DSGE 模型一阶条件

$$\beta \frac{C_{a,t}}{C_{a,t+1}} R_{b,t+1} = 1$$

$$W_t^s = \mu_a L_{a,t}^{X_a} \varrho \left(\frac{L_{a,t}^p}{L_{a,t}^s}\right)^{1-\varrho} C_{a,t}$$

$$W_t^p = \mu_a L_{a,t}^{X_a} (1 - \varrho) \left(\frac{L_{a,t}^s}{L_{a,t}^p}\right)^{\varrho} C_{a,t}$$

$$B_{a,t} R_{b,t+1} = m_t^h \mathbf{W}_t \mathbf{L}_{a,t}'$$

$$\beta \frac{C_{b,t}}{C_{b,t+1}} R_{d,t+1} = 1$$

$$W_t^s = \mu_b L_{b,t}^{X_b} \varrho \left(\frac{L_{b,t}^p}{L_{b,t}^s}\right)^{1-\varrho} C_{b,t}$$

$$W_t^p = \mu_b L_{b,t}^{X_b} (1 - \varrho) \left(\frac{L_{b,t}^s}{L_{b,t}^p}\right)^{\varrho} C_{b,t}$$

$$K_{s,t+1} = (1 - \delta) K_{s,t} + I_{s,t}$$

$$\beta \frac{C_{s,t}}{C_{s,t+1}} R_{s,t+1} = 1$$

$$\alpha_s \frac{Y_{s,t}}{K_{s,t}} = (1 - \delta) \beta \frac{1}{C_{s,t}}$$

$$(1 - \alpha_s) \frac{Y_{s,t}}{L_{s,t}} = \frac{\beta}{C_{s,t}} \Big[W_t^s + \varphi_s \frac{L_{s,t}}{L_{s,t-1}} + \frac{\varphi_s}{2} \left(\frac{L_{s,t}}{L_{s,t-1}} - 1\right)^2 \Big] - \frac{\beta}{C_{s,t+1}} \varphi_s \left(\frac{L_{s,t+1}}{L_{s,t}}\right)^2$$

$$B_{s,t} R_{s,t} = m_{s,t} K_{s,t}$$

$$K_{p,t+1} = (1 - \delta) K_{p,t} + I_{p,t}$$

$$\beta \frac{C_{p,t}}{C_{p,t+1}} R_{p,t+1} = 1$$

$$\alpha_p \frac{Y_{p,t}}{K_{p,t}} = (1 - \delta)\beta \frac{1}{C_{p,t}}$$

$$(1 - \alpha_p) \frac{Y_{p,t}}{L_{p,t}} = \frac{\beta}{C_{p,t}} \Big[W_t^p + \varphi_p \frac{L_{p,t}}{L_{p,t-1}} + \frac{\varphi_p}{2} \Big(\frac{L_{p,t}}{L_{p,t-1} - 1} - 1 \Big)^2 \Big] - \frac{\beta}{C_{p,t+1}} \varphi_p \Big(\frac{L_{p,t+1}}{L_{p,t}} \Big)^2$$

$$B_{p,t} R_{p,t} = m_{p,t} K_{p,t}$$

$$- \tau_t R_{d,t} \mathbb{B}_{t-1} + (1 + R_t) \mathbb{B}_t - \mathbb{B}_{t+1} + (1 - b_t) \big[(1 + R_{h,t}) B_{h,t} + (1 + R_{s,t}) B_{s,t} + (1 + R_{p,t}) B_{p,t} \big] - (1 - b_{t+1}) (B_{h,t+1} + B_{s,t+1} + B_{p,t+1}) - \tau_t R_{d,t}(1 - b_{t-1}) (B_{h,t-1} + B_{s,t-1} + B_{p,t-1}) = 0$$

$$Y_{s,t} + Y_{p,t} = C_{a,t} + C_{b,t} + C_{s,t} + C_{p,t} + I_{s,t} + I_{p,t}$$

$$\tau^s Y_{s,t} + \tau^p Y_{p,t} + \mathbb{B}_t = G_t + \mathbb{B}_{t-1} R_t$$

B：模型主要变量的对数线性化

$$\tilde{C}_{a,t} - \tilde{C}_{a,t+1} + \tilde{R}_{b,t+1} = 0$$

$$\tilde{W}_t^s = X_a \tilde{L}_{a,t} + (1 - \varrho) (\tilde{L}_{a,t}^p + \tilde{L}_{a,t}^s) + \tilde{C}_{a,t}$$

$$\tilde{W}_t^p = X_a \tilde{L}_{a,t} + \varrho(\tilde{L}_{a,t}^s + \tilde{L}_{a,t}^p) + \tilde{C}_{a,t}$$

$$\tilde{B}_{a,t} + \tilde{R}_{b,t+1} = \frac{m^h W^s L_a^s}{B_a R_b} (\tilde{m}_t^h + \tilde{W}_t^s + \tilde{L}_{a,t}^s) + \frac{m^h W^s L_a^s}{B_a R_b} (\tilde{m}_t^h + \tilde{W}_t^p + \tilde{L}_{a,t}^p)$$

$$\tilde{C}_{b,t} - \tilde{C}_{b,t+1} + \tilde{R}_{d,t+1} = 0$$

$$\tilde{W}_t^s = X_b \tilde{L}_{b,t} + (1 - \varrho) (\tilde{L}_{b,t}^p + \tilde{L}_{b,t}^s) + \tilde{C}_{b,t}$$

$$\tilde{W}_t^p = X_b \tilde{L}_{b,t} + \varrho(\tilde{L}_{b,t}^s + \tilde{L}_{b,t}^p) + \tilde{C}_{b,t}$$

$$\tilde{K}_{s,t+1} = \tilde{K}_{s,t} + \delta \tilde{I}_{s,t}$$

$$\tilde{C}_{s,t} - \tilde{C}_{s,t+1} + \tilde{R}_{s,t+1} = 0$$

$$\tilde{Y}_{s,t} - \tilde{K}_{s,t} + \tilde{C}_{s,t} = 0$$

$$(1 - \alpha_s)\frac{Y_s}{L_s}(\tilde{Y}_{s,t} - \tilde{L}_{s,t}) = \frac{\beta W^s}{C^s}(\tilde{W}_t^s - \tilde{C}_{s,t}) + \frac{\rho\varphi_s}{C_s}(\tilde{L}_{s,t} \tilde{L}_{s,t-1}) -$$

$$\frac{\beta\varphi_s}{C_s}(2\tilde{L}_{s,t+1} - 2\tilde{L}_{s,t} - \tilde{C}_{s,t+1})$$

$$\tilde{B}_{s,t} + \tilde{R}_{s,t} = \tilde{m}_{s,t} + \tilde{K}_{s,t}$$

$$\tilde{K}_{p,t+1} = \tilde{K}_{p,t} + \delta\tilde{I}_{p,t}$$

$$\tilde{C}_{p,t} - \tilde{C}_{p,t+1} + \tilde{R}_{p,t+1} = 0$$

$$(1 - \alpha_p)\frac{Y_p}{L_p}(\tilde{Y}_{p,t} - \tilde{L}_{p,t}) = \frac{\beta W^p}{C^p}(\tilde{W}_t^p - \tilde{C}_{p,t}) + \frac{\rho\varphi_p}{C_p}(\tilde{L}_{p,t} \tilde{L}_{p,t-1}) -$$

$$\frac{\beta\varphi_p}{C_p}(2\tilde{L}_{p,t+1} - 2\tilde{L}_{p,t} - \tilde{C}_{p,t+1})$$

$$\tilde{B}_{p,t} + \tilde{R}_{p,t} = \tilde{m}_{p,t} + \tilde{K}_{p,t}$$

$$0 = -\frac{\tau R_b \mathbb{B}}{\maltese}(\tilde{\tau}_t + \tilde{R}_{d,t} + \tilde{\mathbb{B}}_{t-1}) + \frac{\mathbb{B}}{\maltese}\tilde{\mathbb{B}}_t + \frac{\mathbb{B}R}{\maltese}(\tilde{\mathbb{B}}_t + \tilde{R}_t) - \frac{\mathbb{B}}{\maltese}\tilde{\mathbb{B}}_{t+1} +$$

$$\frac{(1-b)B_h}{\maltese}(\tilde{B}_{h,t} - \tilde{B}_{h,t+1}) + \frac{(1-b)B_s}{\maltese}(\tilde{B}_{s,t} - \tilde{B}_{s,t+1}) + \frac{(1-b)B_p}{\maltese}(\tilde{B}_{p,t} -$$

$$\tilde{B}_{p,t+1}) + \frac{(1-b)B_h R_h}{\maltese}(\tilde{R}_{h,t} + \tilde{B}_{h,t}) + \frac{(1-b)B_s R_s}{\maltese}(\tilde{R}_{s,t} + \tilde{B}_{s,t}) +$$

$$\frac{(1-b)B_p R_p}{\maltese}(\tilde{R}_{p,t} + \tilde{B}_{p,t}) - \frac{\tau(1-b)R_d B_h}{\maltese}(\tilde{\tau}_t + \tilde{R}_{d,t} + \tilde{B}_{h,t-1}) -$$

$$\frac{\tau(1-b)R_d B_s}{\maltese}(\tilde{\tau}_t + \tilde{R}_{d,t} + \tilde{B}_{s,t-1}) - \frac{\tau(1-b)R_d B_p}{\maltese}(\tilde{\tau}_t + \tilde{R}_{d,t} + \tilde{B}_{p,t-1})$$

$$Y_s\tilde{Y}_{s,t} + Y_p\tilde{Y}_{p,t} = C_a\tilde{C}_{a,t} + C_b\tilde{C}_{b,t} + C_s\tilde{C}_{s,t} + C_p\tilde{C}_{p,t} + I_s\tilde{I}_{s,t} + I_p\tilde{I}_{p,t}$$

$$\tau^s Y_s\tilde{Y}_{s,t} + \tau^p Y_p\tilde{Y}_{p,t} + \mathbb{B}\tilde{\mathbb{B}}_t = G\tilde{G}_t + \mathbb{B}R(\tilde{\mathbb{B}}_{t-1} + \tilde{R}_t)$$

参考文献

［1］祝鹏飞. 政府补助、产业结构调整与中国城市效率的经验研究［D］. 湖南大学, 2016.

［2］朱信凯, 刘刚. 二元金融体制与农户消费信贷选择——对合会的解释与分析［J］. 经济研究, 2009, 44 (2): 43 – 55.

［3］周业安. 金融抑制对中国企业融资能力影响的实证研究［J］. 经济研究, 1999 (2): 15 – 22.

［4］周伟峰, 周立. 上有政策下有对策——福建民间标会倒会事件分析［J］. 银行家, 2015 (8): 118 – 121.

［5］周密, 徐爱燕. 农村劳动力转移的水体环境效应研究——基于生产要素替代与化肥施用量的证据［J］. 南大商学评论, 2013 (1): 57 – 69.

［6］周立. 就地村镇化与二元金融结构［J］. 银行家, 2013 (7): 70 – 74.

［7］周黎安, 陈烨. 中国农村税费改革的政策效果: 基于双重差分模型的估计［J］. 经济研究, 2005 (8): 44 – 53.

［8］钟辉勇, 陆铭. 财政转移支付如何影响了地方政府债务?［J］. 金融研究, 2015 (9): 1 – 16.

［9］中国人民银行达州市中心支行课题组. 市场化进程中的金融剪刀差: 西部县域金融制度安排的案例研究［J］. 金融研究, 2004 (2): 128 – 137.

［10］郑军，汪运娣．农业保险的经营模式与财政补贴政策：中美比较及启示［J］．农村经济，2016（8）：119－124.

［11］赵帅卓．定向补贴政策仍须改进细化［J］．中国农村金融，2011（3）：75－76.

［12］赵红超．环境资源财政理论与政策研究［D］．西南财经大学，2011.

［13］赵浩，乔永，郭亮，等．西部欠发达地区发展政策贴息类普惠金融产品的实践与探索［J］．甘肃金融，2014（11）：47－50.

［14］章元，万广华，史清华．暂时性贫困与慢性贫困的度量、分解和决定因素分析［J］．经济研究，2013，48（4）：119－129.

［15］张佐敏．财政规则与政策效果——基于DSGE分析［J］．经济研究，2013，48（1）：41－53.

［16］张宇仓．整顿压缩财政补贴　理顺价格关系［J］．价格月刊，1991（5）：23－25.

［17］张晏，龚六堂．地区差距、要素流动与财政分权［J］．经济研究，2004（7）：59－69.

［18］张彦英，夏海英．农业财政补贴的经济学理论依据分析［J］．中国集体经济（下半月），2007（2）：179－180.

［19］张雅博，王伟．农村金融扶贫问题研究综述与展望［J］．金融发展研究，2016（11）：37－43.

［20］张伟，胡霞．我国扶贫贴息贷款20年运行效率述评［J］．云南财经大学学报，2011，27（1）：92－97.

［21］张天正．财政贴息理论探索［J］．四川财政，2002（3）：5－7.

［22］张硕．我国环境保护财政支出绩效研究［D］．中国社会科学院研究生院，2017.

［23］张龙耀，江春．中国农村金融市场中非价格信贷配给的理论和实证分析［J］．金融研究，2011（7）：98－113.

［24］张岚，郑小华，修瑞龄，等．利用政府贴息贷款促进医院发展的重要意义［J］．实用医院临床杂志，2004，1（2）：97-98.

［25］张红．财政贴息的行政法思考［J］．行政法学研究，2012（4）：75-81.

［26］张海洋．融资约束下金融互助模式的演进——从民间金融到网络借贷［J］．金融研究，2017（3）：101-115.

［27］张国强．西部地区财政支农资金配置的问题及对策研究［D］．西南大学，2009.

［28］张朝晖．金融抑制与深化逻辑下的小额贷款公司定位研究［D］．山东财经大学，2016.

［29］袁季．金融压抑理论全接触［J］．证券导刊，2013（11）：91-95.

［30］袁东阳．金融抑制背景下中国金融发展道路：理论与实证研究［D］．武汉大学，2014.

［31］余新平，熊晶白，熊德平．中国农村金融发展与农民收入增长［J］．中国农村经济，2010（6）：77-86.

［32］余静文．最优金融条件与经济发展——国际经验与中国案例［J］．经济研究，2013，48（12）：106-119.

［33］于永辉，林守和，刘宏伟．加强财政补贴资金管理的几点体会［J］．农业发展与金融，2010（3）：79-80.

［34］尹振东，汤玉刚．专项转移支付与地方财政支出行为——以农村义务教育补助为例［J］．经济研究，2016，51（4）：47-59.

［35］叶雯，刘慧宏，熊德平．金融机构支农的政策激励机理：动态博弈的分析框架［J］．科技与管理，2015，17（2）：75-80.

［36］杨钊．金融精准扶贫的路径选择与实践演进［J］．武汉金融，2016（11）：60-62.

［37］杨玉．江西省小额贷款公司服务"三农"现状研究［D］.

华东交通大学，2016.

［38］杨晓萌．中国生态补偿与横向转移支付制度的建立［J］．财政研究，2013（2）：19－23.

［39］杨汝岱，陈斌开，朱诗娥．基于社会网络视角的农户民间借贷需求行为研究［J］．经济研究，2011，46（11）：116－129.

［40］杨军．我国小额贷款公司的使命漂移问题研究［D］．西南财经大学，2013.

［41］杨居易．农村信用社发展普惠金融的模式研究［D］．华南理工大学，2016.

［42］杨谨夫．我国生态补偿的财政政策研究［D］．财政部财政科学研究所，2015.

［43］杨建光．财政对企业补贴的经济影响模型［J］．商场现代化，2015（20）：254.

［44］许月丽，翟文杰．农村金融补贴政策功能界定：市场失灵的弥补意味着什么？［J］．金融研究，2015（2）：131－147.

［45］许美娟．农业财政贴息政策的绩效评价［D］．南京农业大学，2006.

［46］许建生．1991—2007年西藏非典型二元经济结构测度和演化研究［J］．西藏研究，2009（2）：101－113.

［47］许光建，刘汝兵．实现基本公共服务均等化的财政保障机制研究［J］．价格理论与实践，2015（3）：10－12.

［48］徐舒．中国劳动者收入不平等的演化［D］．西南财经大学，2010.

［49］徐康宁，王剑．自然资源丰裕程度与经济发展水平关系的研究［J］．经济研究，2006（1）：78－89.

［50］徐爱燕，沈坤荣．财政支出减贫的收入效应——基于中国农村地区的分析［J］．财经科学，2017（1）：116－122.

[51] 熊芳，王媛媛. 微型金融机构使命漂移的实证分析——基于对湖北省恩施土家族苗族自治州的调研数据［J］. 金融发展研究，2013（7）：14-18.

[52] 熊芳. 微型金融机构使命漂移的文献综述［J］. 金融发展研究，2011（7）：9-12.

[53] 熊德平. 农村金融与农村金融发展：基于交易视角的概念重构［J］. 宁波大学学报（人文科学版），2007（2）：5-11.

[54] 邢曙光，黄梅波. 最优区域间转移支付规则［J］. 金融研究，2015（11）：98-114.

[55] 星焱. 我国西部金融与财政支农的经济效应研究［D］. 西南财经大学，2010.

[56] 谢颖. 财政贴息：刺激内需的有效手段［J］. 财政研究，2000（8）：23-25.

[57] 谢欣. 民生类贴息贷款政策的沿革与实践［J］. 银行家，2013（11）：68-71.

[58] 谢琼. 农村金融：体制突破与机制改进［D］. 华中农业大学，2009.

[59] 谢平，徐忠. 公共财政、金融支农与农村金融改革——基于贵州省及其样本县的调查分析［J］. 经济研究，2006（4）：106-114.

[60] 谢平，陆磊. 金融腐败：非规范融资行为的交易特征和体制动因［J］. 经济研究，2003（6）：3-13.

[61] 肖作平，尹林辉. 我国住房公积金缴存比例的影响因素研究——基于34个大中城市的经验证据［J］. 经济研究，2010，45（S1）：129-142.

[62] 向运华，刘欢. 保障性扶贫模式下社会救助助推精准脱贫的实证分析——基于1989—2011年CHNS数据库9次调查数据研究［J］. 江西财经大学学报，2016（5）：63-73.

［63］西绕甲措．西藏金融业供给侧结构性改革的必要性及路径选择［J］．西藏大学学报（社会科学版），2017，32（3）：144－149.

［64］吴中南．积极财政政策淡出及政策转型分析［D］．首都经济贸易大学，2004.

［65］吴越．国外生态补偿的理论与实践——发达国家实施重点生态功能区生态补偿的经验及启示［J］．环境保护，2014，42（12）：21－24.

［66］吴鹰．金融抑制条件下影子银行的利与弊［J］．银行家，2013（10）：72－73.

［67］吴小军．促进民族地区可持续发展的财政政策研究［D］．湖北民族学院，2010.

［68］吴曙，崔勇丽，毕峰．财政贴息资金如何引导信贷资金和社会资本投入"三农"领域：中国"三农"问题研究与探索［D］．全国财政支农优秀论文选，2009.

［69］吴华超，温涛．基于 DEA 方法的农村资金配置效率研究——以统筹城乡综合配套改革试验区重庆市为例［J］．金融理论与实践，2008（3）：25－28.

［70］吴国才．促进西部欠发达地区经济可持续发展的财政政策研究［D］．财政部财政科学研究所，2012.

［71］吴丹．"利"与"义"的调和——农村小额信贷市场化利率的选择与政府角色的定位［J］．知识经济，2009（2）：8－9.

［72］吴本健，马九杰．金融扶贫的贫困瞄准与风险控制——对内蒙古"金融扶贫富民工程"的调查［J］．银行家，2016（12）：108－111.

［73］温涛，王煜宇．农业信贷、财政支农与农村经济发展：2005年中国农业经济学会年会［R］．中国重庆，2005.

［74］温涛，王汉杰．政府财政金融支农投入有效启动了农村消费吗?［J］．吉林大学社会科学学报，2017，57（1）：31－40.

［75］温涛．西部地区农村金融成长机制与模式研究［J］．中共南

京市委党校南京市行政学院学报，2006（4）：21－26.

［76］卫毓俊．旧中国金融史编写工作座谈会在成都举行［J］．金融研究动态，1979（25）：8.

［77］王煜宇，温涛．农村劳动力有序转移的金融配合模式研究［J］．农村经济，2005（3）：121－124.

［78］王颖，曾康霖．论普惠：普惠金融的经济伦理本质与史学简析［J］．金融研究，2016（2）：37－54.

［79］王茵．我国光伏产业的财政补贴政策效应［J］．中共浙江省委党校学报，2016，32（2）：113－121.

［80］王彦超．金融抑制与商业信用二次配置功能［J］．经济研究，2014，49（6）：86－99.

［81］王勋，Anders Johansson.金融抑制与经济结构转型［J］．经济研究，2013，48（1）：54－67.

［82］王修华，傅勇，贺小金，等．中国农户受金融排斥状况研究——基于我国8省29县1547户农户的调研数据［J］．金融研究，2013（7）：139－152.

［83］王小华，温涛，王定祥．县域农村金融抑制与农民收入内部不平等［J］．经济科学，2014（2）：44－54.

［84］王韧．中国农业保险财政补贴机制研究［M］．北京：中国农业出版社，2011.

［85］王鹏．财政转移支付制度改革研究［D］．吉林大学，2012.

［86］王鸾凤，朱小梅，吴秋实．农村金融扶贫的困境与对策——以湖北省为例［J］．国家行政学院学报，2012（6）：99－103.

［87］王晋斌．金融控制、风险化解与经济增长［J］．经济研究，2000（4）：11－18.

［88］王海龙，杨建飞．我国农业财政补贴机制探析［J］．农村经济与科技，2016，27（10）：106－107.

［89］王定祥，李伶俐，冉光和．金融资本形成与经济增长［J］．经济研究，2009，44（9）：39－51.

［90］王常雄．转轨过程中地区性行政垄断对微观资源配置效率的影响分析［D］．山东大学，2010.

［91］王彩虹，李彦岩，周立．打造精品小银行战略——基于对德商村镇银行的调研［J］．银行家，2016（11）：112－116.

［92］汪磊．普惠金融视阈下新型农村金融组织的使命漂移与化解路径研究［D］．华南农业大学，2016.

［93］万建香，汪寿阳．社会资本与技术创新能否打破"资源诅咒"？——基于面板门槛效应的研究［J］．经济研究，2016，51（12）：76－89.

［94］童馨乐，褚保金，杨向阳．社会资本对农户借贷行为影响的实证研究——基于八省1003个农户的调查数据［J］．金融研究，2011（12）：177－191.

［95］田茂德，毛阳海．探究西藏二元经济结构的转型［J］．西藏发展论坛，2014（1）：59－65.

［96］田霖．我国农村地区金融排斥研究［J］．调研世界，2010（2）：6－8.

［97］田飞丽．我国农村公共服务供给的减贫绩效研究［D］．东北财经大学，2014.

［98］唐为，王媛．行政区划调整与人口城市化：来自撤县设区的经验证据［J］．经济研究，2015，50（9）：72－85.

［99］汤中荣．农村金融问题研究综述［J］．商，2014（8）：116.

［100］孙同全．信用贷款与金融扶贫［J］．中国金融，2017（7）：88－89.

［101］孙玲．浅谈利率自由化与金融发展［J］．新校园（上旬），2015（6）：191.

[102] 孙健夫，田贵贤．生态补偿类横向财政转移支付的优先领域选择 [J]．中国财政，2013（4）：56－57．

[103] 苏重基．论财政贴息 [J]．财经科学，1985（4）：32－34．

[104] 苏春红，解垩．财政流动、转移支付及其减贫效率——基于中国农村微观数据的分析 [J]．金融研究，2015（4）：34－49．

[105] 宋则．我们怎样甩包袱——评《财政补贴经济分析》[J]．管理世界，1991（3）：219－221．

[106] 宋豪．生态涵养背景下的渝东北经济发展研究 [D]．中共重庆市委党校，2015．

[107] 帅传敏，梁尚昆，刘松．国家扶贫开发重点县投入绩效的实证分析 [J]．经济问题，2008（6）：84－86．

[108] 申云，彭小兵．链式融资模式与精准扶贫效果——基于准实验研究 [J]．财经研究，2016，42（9）：4－15．

[109] 佘传奇，张羽．融资效用视角下的正规金融涉农贷款 [J]．华南农业大学学报（社会科学版），2012，11（3）：55－60．

[110] 邵帅，杨莉莉．自然资源开发、内生技术进步与区域经济增长 [J]．经济研究，2011，46（S2）：112－123．

[111] 邵帅，齐中英．西部地区的能源开发与经济增长——基于"资源诅咒"假说的实证分析 [J]．经济研究，2008（4）：147－160．

[112] 邵定才．贫困地区扶贫贴息贷款存在的问题及政策调整建议 [J]．武汉金融，2006（11）：61－62．

[113] 冉光和，温涛，李敬，等．中国农村金融业成长的经济效应研究：中国工业经济研究与开发促进会 2005 年会暨"产业组织与政府规制"研讨会 [R]．中国辽宁大连，2005．

[114] 祁晓慧．贫困户贷款需求、减贫效果、还贷信用研究 [D]．内蒙古农业大学，2017．

[115] 彭泽军，绒巴扎西．西藏二元经济结构的实证分析 [J]．

贵州民族研究，2008（2）：156-164.

［116］彭华伟．混合所有制背景下的西藏企业改革研究［J］．西藏大学学报（社会科学版），2015，30（2）：28-33.

［117］庞加兰．资源收入转移支付机制解决"资源诅咒"假说的研究［J］．价格理论与实践，2016（3）：128-131.

［118］潘素梅，周立．家庭农场的融资问题与金融支持［J］．中国物价，2015（12）：42-44.

［119］潘素梅，陈桔，周立．基础金融服务均等化的诸城经验［J］．银行家，2012（6）：112-115.

［120］牛建高，李义超，林万龙．中国农村贫困的金融成因：基于产权视角的分析［J］．上海交通大学学报（哲学社会科学版），2005，13（3）：40-44.

［121］聂强．生态重建中的财政补贴制度研究［D］．西北农林科技大学，2007.

［122］穆玉堂．中国区域间金融资本流动的绩效研究［D］．吉林大学，2013.

［123］牟艳妍．基于公共政策视角的西藏优惠金融政策研究［D］．西藏大学，2015.

［124］米增渝，刘霞辉，刘穷志．经济增长与收入不平等：财政均衡激励政策研究［J］．经济研究，2012，47（12）：43-54.

［125］梅林．财政贴息：启动社会投资的钥匙［J］．经济界，2000（1）：96.

［126］毛捷，汪德华，白重恩．民族地区转移支付、公共支出差异与经济发展差距［J］．经济研究，2011，46（S2）：75-87.

［127］马拴友，于红霞．转移支付与地区经济收敛［J］．经济研究，2003（3）：26-33.

［128］马骏．中央向地方的财政转移支付——一个均等化公式和

模拟结果 [J]. 经济研究, 1997 (3): 11 - 20.

[129] 马九杰, 吴本健. 利率浮动政策、差别定价策略与金融机构对农户的信贷配给 [J]. 金融研究, 2012 (4): 155 - 168.

[130] 马家进. 晴天送伞, 雨天收伞——对金融摩擦、信贷周期和企业融资难问题的分析 [J]. 南方经济, 2016, V35 (7): 63 - 77.

[131] 吕晔. 我国农村微型金融发展研究 [D]. 中共中央党校政治经济学, 2015.

[132] 陆磊, 李世宏. 中央—地方—国有银行—公众博弈: 国有独资商业银行改革的基本逻辑 [J]. 经济研究, 2004, 39 (10): 45 - 55.

[133] 鲁美辰. 土地承包经营权抵押贷款对农民收入的影响评价——基于 DID 模型分析 [J]. 中外企业家, 2013 (8): 63 - 64.

[134] 卢亚娟, 孟德锋. 民间资本进入农村金融服务业的目标权衡——基于小额贷款公司的实证研究 [J]. 金融研究, 2012 (3): 68 - 80.

[135] 卢秀敏. 中央财政补贴政策与西藏发展 [J]. 西北民族学院学报 (哲学社会科学版), 2002 (4): 102 - 105.

[136] 卢立香. 中国金融发展对农民收入增长影响的理论与实证研究 [D]. 山东大学金融学, 2009.

[137] 刘献良, 李彦赤. 商业银行精准扶贫模式研究及相关建议 [J]. 农村金融研究, 2016 (9): 24 - 28.

[138] 刘天平, 谢春花, 孙前路. 西藏农村劳动力转移的优劣势分析 [J]. 西藏研究, 2015 (1): 30 - 36.

[139] 刘适, 文兰娇, 熊学萍. 完全金融抑制下农户的信贷需求及其福利损失的实证分析 [J]. 统计与决策, 2011 (23): 90 - 92.

[140] 刘瑞明. 金融压抑、所有制歧视与增长拖累——国有企业效率损失再考察 [J]. 经济学, 2011, 10 (2): 603 - 618.

[141] 刘开宇, 陈室霖, 周立. 涉农贷款如何真"涉农"？——河

南省农信社调研报告 [J]. 银行家，2016（2）：95－97.

[142] 刘俊，陈志胜. 财政贴息：政府理性下的信贷契约 [J]. 中国农村信用合作，2004（2）：42－43.

[143] 刘静静. 财政制度变迁下资源地区山西与中央财政关系研究 [D]. 山西大学，2010.

[144] 刘建萍. 自然资源丰裕程度与经济发展水平关系的研究 [J]. 经营者，2016，30（18）：5.

[145] 刘欢. 从绝对到相对转变视域下的中国农村脱贫新探析——基于精准扶贫背景的分析 [J]. 软科学，2017，31（5）：11－15.

[146] 刘朝明，张衔. 扶贫攻坚与效益衡定分析方法——以四川省阿坝、甘孜、凉山自治州为样本点 [J]. 经济研究，1999（7）：49－56.

[147] 林志帆，赵秋运. 金融抑制会导致劳动收入份额下降吗？——来自世界银行2012年中国企业调查数据的经验证据 [J]. 中国经济问题，2015（6）：49－59.

[148] 林毅夫，孙希芳. 信息、非正规金融与中小企业融资 [J]. 经济研究，2005（7）：35－44.

[149] 廖楚晖. 政府教育支出区域间不平衡的动态分析 [J]. 经济研究，2004（6）：41－49.

[150] 梁涛. 财政贴息要讲效益 [J]. 农村财政与财务，2005（1）：14.

[151] 梁爽，张海洋，平新乔，等. 财富、社会资本与农户的融资能力 [J]. 金融研究，2014（4）：83－97.

[152] 李长健，肖珊. 农民权益保护视野下我国农村微型金融发展研究 [J]. 桂海论丛，2011，27（1）：73－76.

[153] 李扬. 财政补贴经济分析 [M]. 上海：上海三联书店，1990.

[154] 李彦岩，王彩虹，周立. 县级农商行如何"深耕"？——以

河南台前农商行为例 [J]. 银行家, 2016 (10): 116 - 119.

[155] 李珣, 刘开宇, 周立. 农信社高管如何看待金融支农 [J]. 银行家, 2015 (12): 112 - 115.

[156] 李小云, 唐丽霞, 许汉泽. 论我国的扶贫治理: 基于扶贫资源瞄准和传递的分析 [J]. 吉林大学社会科学学报, 2015, 55 (4): 90 - 98.

[157] 李小鹤. 机会成本对村镇银行发展速度的影响研究 [J]. 中国农学通报, 2013, 29 (17): 116 - 122.

[158] 李文瑞. 金融扶贫的模式与成效——以甘肃为例 [J]. 中国金融, 2012 (16): 47 - 49.

[159] 李伟, 冯泉. 政府补偿背景下金融机构扶贫可持续性分析——一个理论分析框架 [J]. 上海金融, 2018 (1): 35 - 42.

[160] 李世美. 国外农村金融问题研究综述 [J]. 上海金融学院学报, 2006 (2): 62 - 65.

[161] 李锐, 朱喜. 农户金融抑制及其福利损失的计量分析 [J]. 经济研究, 2007 (2): 146 - 155.

[162] 李勤. 金融如何更好参与精准扶贫工作 [J]. 中国党政干部论坛, 2016 (12): 82.

[163] 李娜. 对我国财政补贴的经济分析 [D]. 首都经济贸易大学, 2006.

[164] 李萌, 周立. 放宽农村金融准入与舒缓金融排异 [J]. 银行家, 2013 (12): 121 - 124.

[165] 李璐. 转移支付与地区经济收敛——基于面板数据的研究 [J]. 决策与信息 (下旬刊), 2009 (11): 114 - 115.

[166] 李可佳. 村镇银行差异化监管制度研究 [D]. 西南财经大学, 2014.

[167] 李嘉瑞, 张翔. 金融压抑与金融深化 [J]. 中国科技经济

新闻数据库经济，2016（10）：184．

［168］李放，许朗，张兰．技改项目财政贴息的绩效评价——以江苏省为例［J］．南京农业大学学报（社会科学版），2006，6（2）：59－63．

［169］李大森．财政贴息应用范围及运用手段需注意的几个问题［J］．辽宁经济，2004（8）：37．

［170］李爱华，张凤．基于博弈论的微型金融使命漂移问题分析［J］．区域金融研究，2016（2）：4－9．

［171］蓝虹，穆争社．中国农村信用社改革后的绩效评价及提升方向——基于三阶段 DEA 模型 BCC 分析法的实证研究［J］．金融研究，2014（4）：63－82．

［172］井百祥．论财政贴息的过渡性运用［J］．开发研究，1996（5）：14－16．

［173］荆淑云，杨青梅．财政贴息资金不到位影响政策性信贷业务正常发展［J］．内蒙古金融研究，2009（9）：64．

［174］金益平．一部现代藏学力著——《西藏：非典型二元结构下的发展改革》评介［J］．中国藏学，1993（2）：144－147．

［175］解垩．城乡卫生医疗服务均等化研究［D］．山东大学，2009．

［176］焦婕妤．论我国生态补偿财政转移支付制度［D］．湖南师范大学，2014．

［177］蒋冠．金融摩擦条件下货币传导机制的微观基础研究［D］．复旦大学，2004．

［178］姜岩．财政补贴下的农业保险制度研究［M］．北京：中国农业出版社，2012．

［179］季俊杰．国家助学贷款财政补贴政策体系的有效性与体系重构［D］．华中科技大学教育经济与管理，2008．

[180] 黄晓敏. 发展中国家农村利率政策的比较与借鉴 [J]. 农村金融研究, 1992 (10): 43 - 48.

[181] 黄薇, 张海洋, 李海. 财政专户存款、地方金融机构贷款行为及其经营效率 [J]. 金融研究, 2016 (10): 79 - 94.

[182] 黄惠春, 褚保金. 我国县域农村金融市场竞争度研究——基于降低市场准入条件下江苏 37 个县域的经验数据 [J]. 金融研究, 2011 (8): 167 - 177.

[183] 黄安乐, 李树武. 金融抑制对中小企业信贷融资的影响 [J]. 经济论坛, 2004 (2): 88 - 89.

[184] 胡志刚. 把握财政贴息政策提高财政支农资金运作效率 [J]. 农业开发与装备, 2009 (3): 25 - 26.

[185] 胡士华, 卢满生. 信息、借贷交易成本与借贷匹配——来自农村中小企业的经验证据 [J]. 金融研究, 2011 (10): 100 - 111.

[186] 胡联, 杨龙, 王娜. 贫困村互助资金与农民收入增长——基于 5 省 50 个贫困村调查的实证分析 [J]. 统计与信息论坛, 2014, 29 (10): 108 - 112.

[187] 洪正. 新型农村金融机构改革可行吗?——基于监督效率视角的分析 [J]. 经济研究, 2011, 46 (2): 44 - 58.

[188] 何志雄, 曲如晓. 农业政策性金融供给与农村金融抑制——来自 147 个县的经验证据 [J]. 金融研究, 2015 (2): 148 - 159.

[189] 何广文. 从农村居民资金借贷行为看农村金融抑制与金融深化 [J]. 中国农村经济, 1999 (10): 42 - 48.

[190] 郭强, 董昀, 谭小芬. 金融摩擦影响宏观经济波动的机制: 文献述评 [J]. 金融评论, 2013, 5 (6): 111 - 121.

[191] 郭利华, 毛宁, 吴本健. 多维贫困视角下金融扶贫的国际经验比较: 机理、政策、实践 [J]. 华南师范大学学报 (社会科学版), 2017 (4): 26 - 32.

［192］郭建宇．贴息贷款政策实施和转轨的国际经验［J］．山西财政税务专科学校学报，2007，9（1）：15－18.

［193］郭峰，胡金焱．农村二元金融的共生形式研究：竞争还是合作——基于福利最大化的新视角［J］．金融研究，2012（2）：102－112.

［194］管晓峰．财政贴息贷款审计的法律问题［J］．中国审计，2010（18）：33－35.

［195］苟宴，贾绍华．财政贴息贷款刍议［J］．山西财税，1991（1）：9－10.

［196］龚勋．运行要规范　监管须加强——关于湖北省中央财政金融贴补奖政策执行情况的调查报告［J］．财政监督，2014（19）：58－60.

［197］格桑卓玛．西藏农村劳动力转移的历史变迁与发展特点［J］．中国藏学，2007（2）：45－53.

［198］高振楠．财政补贴农牧民资金管理研究［D］．中央民族大学，2013.

［199］高远东，温涛，王小华．中国财政金融支农政策减贫效应的空间计量研究［J］．经济科学，2013（1）：36－46.

［200］高杨．扶贫贴息贷款：博弈分析与路径选择［J］．西北农林科技大学学报（社会科学版），2013，13（6）：97－102.

［201］高明．产业扶贫资金如何精准到户——基于一个贫困村的扶贫实践观察［J］．团结，2016（4）：21－24.

［202］高帆．我国农村中的需求型金融抑制及其解除［J］．中国农村经济，2002（12）：68－72.

［203］高波，罗剑朝．资源富集地区经济发展的金融策略——基于榆林、延安和鄂尔多斯三市的实证分析［J］．金融研究，2008（9）：198－206.

［204］付旋．金融抑制对中国企业融资能力影响的实证研究［J］．环球市场信息导报，2017（25）：45－46.

［205］付文林，沈坤荣．均等化转移支付与地方财政支出结构［J］．经济研究，2012，47（5）：45－57.

［206］伏润民，常斌，缪小林．我国省对县（市）一般性转移支付的绩效评价——基于 DEA 二次相对效益模型的研究［J］．经济研究，2008，43（11）：62－73.

［207］房灵敏，江玉珍，贡秋扎西，等．当前西藏产业结构存在的问题及原因分析［J］．西藏大学学报（社会科学版），2012，27（1）：7－12.

［208］范文娜．欠发达地区落实惠农补贴政策的调查与思考——以甘肃省庆城县为例［J］．西部金融，2014（7）：60－62.

［209］樊丽明，解垩．公共转移支付减少了贫困脆弱性吗？［J］．经济研究，2014，49（8）：67－78.

［210］段辉，段秋辉．对西藏经济实现跨越式发展的几点探索与思考——基于非典型性二元经济结构的视角［J］．西藏研究，2009（3）：94－103.

［211］杜晓山，李静．对扶贫社式扶贫的思考［J］．中国农村经济，1998（6）：46－51.

［212］董玄，周立，刘婧玥．金融支农政策的选择性制定与选择性执行——兼论上有政策、下有对策［J］．农业经济问题，2016，37（10）：18－30.

［213］董玄，周立，陈莎，等．三类金融网点布局省际差异［J］．银行家，2012（9）：110－112.

［214］董晓林，徐虹．我国农村金融排斥影响因素的实证分析——基于县域金融机构网点分布的视角［J］．金融研究，2012（9）：115－126.

［215］丁业现，彭克强．改革开放以来西藏金融发展与经济增长关系的实证研究［J］．西藏研究，2011（4）：38－50.

［216］狄方耀，杨本锋．西藏二元经济结构的演进轨迹、主要特征及转化思路探讨［J］．西藏研究，2008（6）：100－107.

［217］邓绍彩．财政对农业贷款贴息的效率研究［D］．华南理工大学，2013.

［218］戴金平，陈汉鹏．金融摩擦、金融波动性及其对经济的影响［J］．四川大学学报（哲学社会科学版），2014，194（5）：102－110.

［219］程刚．金融危机背景下中国以民生为重点的积极财政政策研究［D］．华中科技大学，2013.

［220］陈昕．首次对财政补贴的经济学分析——读李扬著《财政补贴经济分析》［J］．学术月刊，1990（11）：41－43.

［221］陈朴，许建生，杨亚波，等．"西藏非典型二元结构"再认识五人谈［J］．华西边疆评论，2016：193－213.

［222］陈剑平．财政补贴使价值和价格发生严重错位［J］．财会月刊，1991（12）：17－18.

［223］陈刚，尹希果．中国金融资源城乡配置差异的新政治经济学［J］．当代经济科学，2008（3）：57－65.

［224］陈东平，钱卓林．资本累积不必然引起农村资金互助社使命漂移——以江苏省滨海县为例［J］．农业经济问题，2015，36（3）：40－46.

［225］陈崇凯．简论西藏古代地域经济特点和经济的历史发展［J］．西藏民族学院学报（哲学社会科学版），2008，29（1）：33－38.

［226］曾军平．政府间转移支付制度的财政平衡效应研究［J］．经济研究，2000（6）：27－32.

［227］曹洪军，窦娜娜，王乙伊．信息不对称、非正规金融与中小企业融资［J］．中国海洋大学学报（社会科学版），2005（4）：36－40.

［228］蔡明超，费方域，朱保华．中国宏观财政调控政策提升了社会总体效用吗？［J］．经济研究，2009，44（3）：78－85.

［229］蔡复义．骗取财政贴息资金行政处罚案例评析［J］．中国

财政，2009（13）：65－66.

［230］毕正华. 当前中国财政扶贫问题及其对策分析［J］. 江西社会科学，2005（9）：247－249.

［231］白洋. 促进低碳经济发展的财税政策研究［D］. 中国社会科学院研究生院，2014.

［232］白建华，刘天平，宋连久. 西藏农村劳动力转移意愿及影响因素分析［J］. 西藏研究，2018（1）：48－55.

［233］白继山，温涛. 中国农村金融风险预警研究——基于金融生态环境的视角［J］. 农村经济，2011（5）：79－82.

［234］安烨. 中国货币政策效应区域差异研究［D］. 东北师范大学，2011.

［235］Yunfeng Y, Laike Y. China's foreign trade and climate change：A case study of CO_2 emissions［J］. Energy Policy，2010，38（1）：350－356.

［236］Xydis G. Development of an integrated methodology for the energy needs of a major urban city：The case study of Athens, Greece［J］. Renewable and Sustainable Energy Reviews，2012，16（9）.

［237］Wei Y, Miraglia S. Organizational culture and knowledge transfer in project－based organizations：Theoretical insights from a Chinese construction firm［J］. International Journal of Project Management，2017，35（4）：571－585.

［238］Wang S, Soesilo P K, Zhang D. Impact of Luxury Brand Retailer Co－Branding Strategy on Potential Customers：A Cross－Cultural Study［J］. Journal of International Consumer Marketing，2015，27（3）：237－252.

［239］Wang L, Zhong H. Study on the Trust Model for Knowledge Transfer［J］. International Journal of u－ and e－Service，Science and Technology，2014，7（1）：285－294.

［240］Vinovskis M A. An Analysis of the Concept and Uses of Systemic

Educational Reform [J]. American Educational Research Journal, 1996, 33 (33): 53 –85.

[241] Ui T. The social value of public information with convex costs of information acquisition [J]. Economics Letters, 2014, 125 (2): 249 –252.

[242] Uhlig H. What are the effects of monetary policy on output? Results from an agnostic identification procedure [J]. Journal of Monetary Economics, 2005, 52 (2): 381 –419.

[243] Tsang E W K. Acquiring knowledge by foreign partners from international joint ventures in a transition economy: learning – by – doing and learning myopia [J]. Strategic Management Journal, 2002, 23 (9): 835 –854.

[244] Tang H, Zhang Y. Exchange Rates and the Margins of Trade: Evidence from Chinese Exporters [J]. CESifo Economic Studies, 2012, 58 (4): 671 –702.

[245] Talay M B, Townsend J D, Yeniyurt S. Global Brand Architecture Position and Market – Based Performance: The Moderating Role of Culture [J]. Journal of International Marketing, 2015, 23 (2): 55 –72.

[246] Song Z, Storesletten K, Zilibotti F. Growing Like China [J]. American Economic Review, 2011, 101 (1): 196 –233.

[247] Schlegelmilch B B, Chini T C. Knowledge transfer between marketing functions in multinational companies: A conceptual model [J]. International Business Review, 2003, 12 (2): 215 –232.

[248] Plantin G. Shadow Banking and Bank Capital Regulation [J]. Review of Financial Studies, 2014, 28 (1): 146 –175.

[249] Pender J L. Discount rates and credit markets: Theory and evidence from rural india [J]. Journal of Development Economics, 2004, 50 (2): 257 –296.

[250] Monteiro L F, Arvidsson N, Birkinshaw J. Knowledge Flows

Within Multinational Corporations: Explaining Subsidiary Isolation and Its Performance Implications [J]. Organization Science, 2008, 19 (1): 90 – 107.

[251] Monga A B, Roedder John D. Cultural Differences in Brand Extension Evaluation: The Influence of Analytic versus Holistic Thinking [J]. Journal of Consumer Research, 2007, 33 (4): 529 – 536.

[252] Mino K. Fiscal Policy in a Growing Economy with Financial Frictions and Firm Heterogeneity? [J]. The Japanese Economic Review, 2016, 67 (1): 3 – 30.

[253] Minbaeva D B, Pedersen T, Björkman I, et al. A retrospective on: MNC knowledge transfer, subsidiary absorptive capacity, and HRM [J]. Journal of International Business Studies, 2014, 45 (1): 52 – 62.

[254] Malherbe F. Self – Fulfilling Liquidity Dry – Ups [J]. The Journal of Finance, 2014, 69 (2): 947 – 970.

[255] Madupu V, Cooley D O. Cross – Cultural Differences in Online Brand Communities: An Exploratory Study of Indian and American Online Brand Communities [J]. Journal of International Consumer Marketing, 2010, 22 (4): 363 – 375.

[256] Lu L. On the Restructuring of Rural Financial Service System [J]. Journal of Finance, 2003.

[257] Lou Y. A comparative study of the influence of the rural finance and the non – regular finance on the growth of rural economy [J]. Journal of Central South University, 2009.

[258] Li L. The effects of trust and shared vision on inward knowledge transfer in subsidiaries' intra – and inter – organizational relationships [J]. International Business Review, 2005, 14 (1): 77 – 95.

[259] Keller W, Li B, Shiue C H. China's Foreign Trade: Perspectives From the Past 150 Years [J]. The World Economy, 2011, 34 (6):

853 – 892.

　[260]　Kale P, Singh H, Perlmutter H. Learning and protection of proprietary assets in strategic alliances：building relational capital ［J］. Strategic Management Journal, 2000, 21 （3）：217 – 237.

　[261]　John D R. Special session summary – Branding across cultures：The role of analytic and holistic thinking ［M］//Kahn B E, Luce M F. ADVANCES IN CONSUMER RESEARCH. 2004：215.

　[262]　Hsieh M H. Identifying Brand Image Dimensionality and Measuring the Degree of Brand Globalization：A Cross – National Study ［J］. Journal of International Marketing, 2018, 10 （2）：46 – 67.

　[263]　Heidhues F, Davis J R, Schrieder G. Agricultural transformation and implications for designing rural financial policies in Romania ［J］. European Review of Agricultural Economics, 1998, 25 （3）：351 – 372.

　[264]　Hau L N, Evangelista F. Acquiring tacit and explicit marketing knowledge from foreign partners in IJVs ［J］. Journal of Business Research, 2007, 60 （11）：1152 – 1165.

　[265]　Hau L N, Evangelista F. Acquiring tacit and explicit marketing knowledge from foreign partners in IJVs ［J］. Journal of Business Research, 2007, 60 （11）：1152 – 1165.

　[266]　Harrison G W, Lau M I, Williams M B. Estimating Individual Discount Rates in Denmark：A Field Experiment ［J］. American Economic Review, 2002, 92 （53）：1606 – 1617.

　[267]　Gupta K L, Lensink R. Financial repression and fiscal policy ［J］. Journal of Policy Modeling, 1997, 19 （4）：351 – 373.

　[268]　Giovannini A, Melo M D. Government Revenue from Financial Repression ［J］. The American Economic Review, 1993, 83 （4）：953 – 963.

　[269]　Ferrantino M J, Liu X, Wang Z. Evasion behaviors of exporters

and importers: Evidence from the U. S. – China trade data discrepancy [J]. Journal of International Economics, 2012, 86 (1): 141 – 157.

[270] Fernández – Villaverde J. Fiscal Policy in a Model With Financial Frictions [J]. American Economic Review, 2010, 100 (2): 35 – 40.

[271] Faia E, Monacelli T. Welfare – Maximizing Interest Rate Rules, Asset Prices and Credit Frictions [J]. Journal of Economic Dynamics & Control, 2011, 31 (10): 3228 – 3254.

[272] Edge R M, Kiley M T, Laforte J P. Natural rate measures in an estimated DSGE model of the U. S. economy [J]. Journal of Economic Dynamics & Control, 2008, 32 (8): 2512 – 2535.

[273] Du J, Lu Y, Tao Z. Institutions and FDI location choice: The role of cultural distances [J]. Journal of Asian Economics, 2012, 23 (3): 210 – 223.

[274] Du J, Lu Y, Tao Z. Economic institutions and FDI location choice: Evidence from US multinationals in China [J]. Journal of Comparative Economics, 2008, 36 (3): 412 – 429.

[275] Ding S, Knight J. Can the Augmented Solow Model Explain China's Economic Growth? A Cross – Country Panel Data Analysis [Z]. 2008.

[276] Ding S, Knight J. Can the augmented Solow model explain China's remarkable economic growth? A cross – country panel data analysis [J]. Journal of Comparative Economics, 2009, 37 (3): 432 – 452.

[277] Devadoss S, Hilland A, Mittelhammer R, et al. The effects of the Yuan – dollar exchange rate on agricultural commodity trade between the United States, China, and their competitors [J]. Agricultural Economics, 2014, 45 (S1): 23 – 37.

[278] Cochrane J H. Discount Rates [J]. Nber Working Papers, 2011: 1047 – 1108.

［279］Chen K, Song Z. Financial frictions on capital allocation: A transmission mechanism of TFP fluctuations ［J］. Journal of Monetary Economics, 2013, 60 (6): 683 – 703.

［280］Chang Y, Gong Y, Peng M W. Expatriate Knowledge Transfer, Subsidiary Absorptive Capacity, and Subsidiary Performance ［J］. Academy of Management Journal, 2012, 55 (4): 927 – 948.

［281］Carle G L. Us versus Them: The United States, Radical Islam, and the Rise of the Green Threat ［J］. Middle East Journal, 2017, 71 (1): 172 – 174.

［282］Canzoneri M, Collard F, Dellas H, et al. Fiscal Multipliers in Recessions ［J］. The Economic Journal, 2016, 126 (590): 147 – 165.

［283］Canonge S, Deneubourg J L, Sempo G. Group living enhances individual resources discrimination: The use of public information by cockroaches to assess shelter quality ［J］. PLoS One, 2011, 6 (6): e19748.

［284］Brzoza – Brzezina M, Kolasa M, Makarski K. The anatomy of standard DSGE models with financial frictions ［J］. Journal of Economic Dynamics and Control, 2013, 37 (1): 32 – 51.

［285］Björkman I, Stahl G K, Vaara E. Cultural differences and capability transfer in cross – border acquisitions: the mediating roles of capability complementarity, absorptive capacity, and social integration ［J］. Journal of International Business Studies, 2007, 38 (4): 658 – 672.

［286］Benzion U, Rapport A, Yagil J. Discount Rates Inferred from Decisions: An Experimental Study ［J］. Financial Review, 1987, 22 (3): 270 – 284.

［287］Antunes A, Cavalcanti T, Villamil A. The effect of financial repression and enforcement on entrepreneurship and economic development ［J］. Journal of Monetary Economics, 2008, 55 (2): 278 – 297.

后　记

　　作为西藏本土培养的第一批经济学博士，自 2015 年动笔至今整整 8 个年头，当《财政贴息经济分析——以西藏为例》一书即将付梓出版之际，我的感激之情油然而生，跃然纸上。

　　本书的写作得到了各方的大力支持和帮助。首先要感谢中央对西藏的关怀支援，为繁荣西藏高等教育事业，推进西藏经济社会发展提供了坚强的领导和支持。感谢西藏大学提供的良好学习环境和师资力量。感谢尕藏才旦教授在学术上的精心指导和生活上的亲切关怀！先生孜孜不倦的言传身教、严谨求实的治学精神、勤奋踏实的治学态度都将使我终生受益。感谢统战部、国家发展和改革委员会、财政部、人民银行、北京大学、中央财经大学、武汉大学、西藏大学、西南民族大学等领导、专家的大力支持。感谢中央财经大学严成樑教授、杨铮教授，武汉大学李洁教授等各位老师在论文模型构建部分面临困难的时候伸出援手。感谢西藏金融学会对本书的大力支持，感谢中国金融出版社刘红卫编辑的悉心帮助，使这本书得以与读者见面。感谢我的父母、妻子和女儿，是你们无私的奉献、关心和支持，才能让我安心地攀登真理之峰。